中华人民共和国推荐性行业标准

公路桥梁支座和伸缩装置养护与更换技术规范

Technical Specifications for Maintenance and Replacement of Highway Bridge Bearings and Expansion Joints

JTG/T 5532—2023

主编单位：东南大学
批准部门：中华人民共和国交通运输部
实施日期：2023 年 12 月 01 日

人民交通出版社股份有限公司
北 京

律师声明

本书所有文字、数据、图像、版式设计、插图等均受中华人民共和国宪法和著作权法保护。未经人民交通出版社股份有限公司同意，任何单位、组织、个人不得以任何方式对本作品进行全部或局部的复制、转载、出版或变相出版。

本书封面贴有配数字资源的正版图书二维码，扉页前加印有人民交通出版社股份有限公司专用防伪纸。任何侵犯本书权益的行为，人民交通出版社股份有限公司将依法追究其法律责任。

有奖举报电话：(010) 85285150

北京市星河律师事务所
2020 年 6 月 30 日

图书在版编目（CIP）数据

公路桥梁支座和伸缩装置养护与更换技术规范：JTG/T 5532—2023 / 东南大学主编． — 北京：人民交通出版社股份有限公司, 2023.11
ISBN 978-7-114-19038-4

Ⅰ.①公… Ⅱ.①东… Ⅲ.①公路桥—桥梁支座—维修—技术规范—中国②公路桥—伸缩装置—维修—技术规范—中国 Ⅳ.①U448.14-65

中国国家版本馆 CIP 数据核字（2023）第 191820 号

标准类型：中华人民共和国推荐性行业标准
标准名称：公路桥梁支座和伸缩装置养护与更换技术规范
标准编号：JTG/T 5532—2023
主编单位：东南大学
责任编辑：李　沛
责任校对：赵媛媛
责任印制：张　凯
出版发行：人民交通出版社股份有限公司
地　　址：(100011) 北京市朝阳区安定门外外馆斜街 3 号
网　　址：http://www.ccpcl.com.cn
销售电话：(010) 59757973
总 经 销：人民交通出版社股份有限公司发行部
经　　销：各地新华书店
印　　刷：北京市密东印刷有限公司
开　　本：880×1230　1/16
印　　张：5.75
字　　数：136 千
版　　次：2023 年 11 月　第 1 版
印　　次：2023 年 11 月　第 1 次印刷
书　　号：ISBN 978-7-114-19038-4
定　　价：60.00 元

（有印刷、装订质量问题的图书，由本公司负责调换）

中华人民共和国交通运输部
公　　告

第 45 号

交通运输部关于发布《公路桥梁支座和伸缩装置养护与更换技术规范》的公告

现发布《公路桥梁支座和伸缩装置养护与更换技术规范》（JTG/T 5532—2023），作为公路工程推荐性行业标准，自 2023 年 12 月 1 日起施行。

《公路桥梁支座和伸缩装置养护与更换技术规范》（JTG/T 5532—2023）的管理权和解释权归交通运输部，日常管理和解释工作由主编单位东南大学负责。

请各有关单位注意在实践中总结经验，及时将发现的问题和修改建议函告东南大学（地址：江苏省南京市玄武区四牌楼 2 号，邮政编码：210096）。

特此公告。

中华人民共和国交通运输部

2023 年 9 月 14 日

交通运输部办公厅　　　　　　　　　　　　　　　2023 年 9 月 15 日印发

前　言

根据《交通运输部关于下达 2018 年度公路工程行业标准制修订项目计划的通知》（交公路函〔2018〕244 号）的要求，由东南大学承担《公路桥梁支座和伸缩装置养护与更换技术规范》（JTG/T 5532—2023）（以下简称"本规范"）的制定工作。

本规范根据我国公路桥梁常用支座和伸缩装置的技术状况、病害特点、缺损成因和养护与更换技术现状，通过系统调查研究、理论分析、试验验证和工程应用实践总结，并充分借鉴国内外相关标准的先进技术，遵循"经济适用、技术先进、安全可靠、环保和可操作性"的指导原则，对我国公路桥梁常用支座和伸缩装置的养护与更换进行了规定和说明，为公路桥梁养护管理人员提供技术支持和决策依据。

本规范包括 11 章和 7 个附录，主要内容包括：1 总则，2 术语，3 基本规定，4 支座养护与维修，5 支座更换前的检查、检测与评定，6 支座更换设计，7 支座更换施工，8 伸缩装置养护与维修，9 伸缩装置更换前的检查、检测与评定，10 伸缩装置更换设计，11 伸缩装置更换施工，附录 A 支座养护与维修记录表，附录 B 支座更换前工作状况检查与检测记录表，附录 C 桥梁顶升安全控制技术指标验算，附录 D 支座更换后检查评定记录表，附录 E 弹性元件质量技术控制要求及检测方法，附录 F 伸缩装置养护与更换记录表，附录 G 伸缩装置更换前工作状况检查与检测评定记录表。

本规范由周明华负责起草第 1 章、第 2 章，参与各章。李明、朱慈祥负责起草第 3 章，赵佳军、袁建东负责起草第 4 章，黄跃平、胥明负责起草第 5 章、第 7 章第 7.4 节和附录 A~D，周明华、翟瑞兴负责起草第 6 章，翟瑞兴、黄跃平、吴中鑫负责起草第 7 章，吴刚、邹友泉负责起草第 8 章，郭彤、李会驰、张建东负责起草第 9 章、第 10 章和附录 E~G，吴中鑫、郭炳宝负责起草第 11 章。

请各有关单位在执行过程中，将发现的问题和意见，函告本规范主编单位日常管理组，联系人：周明华（地址：南京市玄武区四牌楼 2 号，东南大学五五楼 108 室；邮编：210096；电话：025-83793102；电子邮箱：1910116486@qq.com），以便修订时参考。

主 编 单 位：东南大学
参 编 单 位：交通运输部公路科学研究院
　　　　　　中交公路规划设计院有限公司
　　　　　　江苏交通控股有限公司
　　　　　　苏交科集团股份有限公司

常州华瑞特种加固技术工程有限公司
江苏平山交通设施有限公司
江西赣粤高速公路股份有限公司
中交第二航务工程局有限公司
浙江交工高等级公路养护有限公司
江苏扬州合力橡胶制品有限公司

主　　　编：周明华
主要参编人员：黄跃平　胥　明　李　明　赵佳军　翟瑞兴　朱慈祥
　　　　　　　袁建东　郭　彤　李会驰　张建东　吴　刚　邹友泉
　　　　　　　吴中鑫　郭炳宝

主　　　审：张劲泉
参与审查人员：于　光　李　健　李　华　陈　冉　霍　明　陈双全
　　　　　　　包琦玮　钟建驰　夏国星　姜竹生　吴赞平　吉　林
　　　　　　　胡钊芳　雷俊卿　庄卫林　吉伯海　石雪飞　黄　侨
　　　　　　　刘文韬　齐　琳　马　健　韩大章　庄军生　赵君黎
　　　　　　　王仁贵　陆勤丰

参　加　单　位：江苏省交通工程建设局
　　　　　　　　江苏久兴建设工程有限公司
　　　　　　　　四川新路桥机械有限公司

参　加　人　员：李　飞　施俊信　张敏特　宗跃然　崔弥达　李慧乐
　　　　　　　　王成明　宿　健　刘晓娣　高　明　刘国建

目　次

1 总则 ·· 1
2 术语 ·· 2
3 基本规定 ··· 4
4 支座养护与维修 ··· 6
　4.1 一般规定 ·· 6
　4.2 支座清洁、保养 ·· 6
　4.3 支座维修 ·· 7
5 支座更换前的检查、检测与评定 ·· 9
　5.1 一般规定 ·· 9
　5.2 更换前的检查与检测 ··· 9
　5.3 更换前的评定 ··· 12
6 支座更换设计 ·· 18
　6.1 一般规定 ·· 18
　6.2 桥梁顶升设计 ··· 19
　6.3 桥梁顶升安全控制技术指标及验算 ······································ 29
7 支座更换施工 ·· 30
　7.1 一般规定 ·· 30
　7.2 前期准备工作 ··· 31
　7.3 更换作业 ·· 32
　7.4 施工监控 ·· 34
　7.5 更换后的质量评定 ··· 35
8 伸缩装置养护与维修 ·· 38
　8.1 一般规定 ·· 38
　8.2 伸缩装置清洁、保养 ··· 38
　8.3 伸缩装置维修 ··· 38
9 伸缩装置更换前的检查、检测与评定 ·· 41
　9.1 一般规定 ·· 41
　9.2 更换前的检查与检测 ··· 41
　9.3 更换前的评定 ··· 44

10 伸缩装置更换设计 ········· 49
10.1 一般规定 ········· 49
10.2 更换方案设计 ········· 49
10.3 施工安全及交通管控设计 ········· 55

11 伸缩装置更换施工 ········· 56
11.1 一般规定 ········· 56
11.2 原伸缩装置拆除及拆除后的修复加固 ········· 57
11.3 更换安装 ········· 58
11.4 锚固混凝土浇筑与养生 ········· 60
11.5 更换后的质量评定 ········· 60

附录A 支座养护与维修记录表 ········· 62
附录B 支座更换前工作状况检查与检测记录表 ········· 63
附录C 桥梁顶升安全控制技术指标验算 ········· 66
附录D 支座更换后检查评定记录表 ········· 72
附录E 弹性元件质量技术控制要求及检测方法 ········· 74
附录F 伸缩装置养护与更换记录表 ········· 79
附录G 伸缩装置更换前工作状况检查与检测评定记录表 ········· 83
本规范用词用语说明 ········· 84

1 总则

1.0.1 为指导和规范公路桥梁支座和伸缩装置的养护与更换，提升桥梁科学管养水平，制定本规范。

1.0.2 本规范适用于公路桥梁常用支座和伸缩装置的养护与更换。

条文说明

公路桥梁常用支座包括板式橡胶支座、盆式支座和球型支座。公路桥梁常用伸缩装置包括异型钢单缝伸缩装置、模数式伸缩装置和梳齿板伸缩装置。

1.0.3 公路桥梁支座和伸缩装置的养护与更换应遵循"科学管养、经济适用、技术先进、安全耐久、环保和操作方便"的原则。

1.0.4 公路桥梁支座和伸缩装置的养护与更换，应积极稳妥地采用新材料、新技术、新工艺、新设备。

1.0.5 公路桥梁支座和伸缩装置的养护与更换除应符合本规范的规定外，尚应符合国家和行业现行有关强制性标准的规定。

2 术语

2.0.1 支座养护 bearing maintenance
通过对支座和支座—梁体结构连接部位的养护修复，以恢复支座功能。

2.0.2 支座更换 bearing replacement
拆除功能失效的支座，更换满足设计要求的新支座。

2.0.3 桥梁顶升 bridge jack-up
采用顶升抬高设备将梁体顶升至支座更换设计允许高度的作业过程。

2.0.4 桥梁顶升安全控制技术指标 safety control technical indicators of bridge jack-up
确保上部结构主梁顶升受力安全的理论设计顶升高度允许值，以及主梁同步落梁复位后高程与初始高程偏差控制值。

2.0.5 同步液压顶升控制装置 synchronous hydraulic jacking control devices
采用多个千斤顶实施梁体整体顶升时，可同步控制顶升力和顶升高度的液压顶升控制装置。

2.0.6 支座反力转移 transfer of bearings reaction force
桥梁顶升至设计高度后，将支座反力转移到临时支承主梁的专用设备上的施工过程。

2.0.7 临时支承装置 temporary support of devices
支座更换施工时，用于临时支承主梁的专用设备。

2.0.8 先简支后连续桥梁 simply-supported continuous bridge
预制装配式桥梁所采用的先简支后连续结构体系，分为体系转换（单排支座）和体系不转换（双排支座）两种。

2.0.9 曲线桥 curved bridge
一种存在平面弯曲或立体弯曲（匝道桥和立交桥）的桥梁，又称弯桥。

2.0.10 斜桥 skew bridge
桥梁支承线的垂直线与桥梁纵轴线存在斜交角的桥梁。

2.0.11 支座垫石 bearing pad stone
桥梁墩台顶面为安放支座设置、具有承压和传力功能的现浇钢筋混凝土垫块。

2.0.12 弹性元件 elastic element
模数式伸缩装置中弹性支承元件（承压支座和压紧支座，主要保障中梁与支承横梁的弹性连接）和位移控制元件（剪切弹簧和压缩弹簧，主要保障中梁的均匀位移）等的总称。

2.0.13 机械链杆 mechanical link
推动中梁均匀位移的机械传动装置。

2.0.14 位移箱 displacement box
模数式伸缩装置中设置在支承横梁悬臂端用于伸缩位移的箱形空间装置。

2.0.15 伸缩量 expansion displacement
桥梁上部结构在温度、荷载和混凝土收缩、徐变等作用下产生的纵桥向伸缩总变形的统称，包括计算允许伸缩量和设计伸缩量两种。

2.0.16 温度有效跨长 effective span length of temperature
计算由温度引起的桥梁结构伸缩量时有效跨长的取值。

2.0.17 安装缝宽 expansion width for installation
出厂前，伸缩装置按设计要求预留的安装初始伸缩量定位值。

2.0.18 伸缩装置养护 expansion joints maintenance
伸缩装置的日常清洁、保养和维修。

2.0.19 伸缩装置零部件更换 component replacement of expansion joints
伸缩装置部分组装零部件提前损坏后的更换。

2.0.20 伸缩装置整体更换 overall replacement of expansion joints
伸缩装置丧失整体功能后的整体更换。

3　基本规定

3.0.1　支座和伸缩装置养护应包括清洁、保养和维修。

3.0.2　支座和伸缩装置养护应结合其技术状况检查评定等级，以及不同类型支座和伸缩装置构造特点，采取相应措施进行。

3.0.3　支座和伸缩装置更换应包括更换前的检查、检测与评定，更换设计和更换施工。

3.0.4　支座和伸缩装置更换前的检查、检测与评定，应在定期检查报告的基础上，进行深度检查，即复查和补充检测，防止漏检和误判。除支座外，对桥梁主体结构也应进行复查和评定，保障桥梁顶升安全。

3.0.5　支座养护与更换应符合下列规定：
1　养护作业应保持支座外观整洁、组件完好、支座垫石无异常、作用功能正常。
2　更换作业时，应通过施工监控，及时掌握桥梁结构和施工设施的受力状态，保障更换作业安全。
3　更换工程完成后，支座安装初始技术状态和受力状态应符合设计要求。

3.0.6　预制装配式构件桥梁，同一排支座10个以上，当其中功能失效支座数量大于30%和支座使用年限超过10年时，更换时应将同一排支座全部更换。

条文说明
　　若局部更换功能失效的支座，会引起新老支座压缩变形不一致，运营后产生桥面凹凸不平而发生开裂。

3.0.7　经科学论证能保证桥梁顶升安全的前提下，可不中断交通进行支座更换。

3.0.8　支座更换条件除应符合现行《公路桥涵养护规范》（JTG 5120）的规定外，当出现下列情况之一时，也应予以更换：

1 支座病害加速发展，已影响结构受力状态。
2 支座力学性能或使用性能不满足设计使用要求。
3 支座的工作状况严重异常，出现剪切变形超限、支座串动移位或脱落，不锈钢板脱落移位等。
4 支座出现传力功能、滑动或转动功能丧失或承压变形超限。
5 支座适应性出现问题，设计选用、安装位置出错等。

3.0.9 伸缩装置养护与更换应符合下列规定：
1 养护作业应保证伸缩装置外观整洁、无垃圾尘土卡塞，无渗漏水，组件完好、功能正常。
2 伸缩装置更换作业时，可根据具体情况实施分段更换。
3 更换工程完成后，伸缩装置初始状态应平顺，无凹凸不平，功能状态应符合设计要求。

3.0.10 伸缩装置更换条件除应符合现行《公路桥涵养护规范》（JTG 5120）的规定外，当出现下列情况之一时，也应予以更换：
1 锚固混凝土上开裂破损超过允许范围，直接影响伸缩装置的整体受力。
2 渗漏水严重，导致钢组件严重锈蚀。
3 主要受力构件出现疲劳断裂，焊缝脱落。
4 伸缩装置零部件过早损坏，弹性元件受损，锚固螺栓、螺母松动、脱落过多，导致伸缩装置整体功能丧失。
5 伸缩装置缺损，已危及交通和行车安全。

3.0.11 伸缩装置零部件过早损坏时，可及时通过更换零部件继续使用，应避免伸缩装置整体更换。

条文说明

经过科学理论研究，工程实测和实际验证，通过更换零部件能恢复伸缩装置整体功能，继续使用。

3.0.12 支座和伸缩装置更换应加强交通管制，减少对交通的影响。

3.0.13 支座和伸缩装置更换不得损伤桥梁原结构。

3.0.14 支座和伸缩装置养护与更换应重视资源节约和环境保护。

3.0.15 所有养护、维修、零部件更换和整体更换等，应分别按本规范附录相关记录表的要求记录、存档。

4 支座养护与维修

4.1 一般规定

4.1.1 支座位于桥下,支座养护检查周期宜为3~6个月一次。

4.1.2 当日常巡查或经常检查发现支座存在病害时,应及时养护和维修。

4.2 支座清洁、保养

4.2.1 支座清洁宜每年开展一次,可结合支座检查工作一并实施。

4.2.2 支座的清洁与保养应包括下列内容:
1 施工期间在支座表面残留的水泥浆等材料应及时清理干净,以保护支座橡胶和钢组件不受侵蚀。
2 应定期开展大位移活动支座的滑板及不锈钢板灰尘清理、添加硅油等维保养护工作,以保证支座滑动面正常滑动。
3 施工期间在支座垫石周围堆积的建筑垃圾和废弃混凝土应及时清理,以保证支座作用功能不受影响。

条文说明
1 现浇混凝土结构或先简支后连续预制装配式结构桥梁,施工时容易发生漏浆,需及时清理干净。
2 大位移活动支座滑动频繁,滑板容易磨损,定期添加硅油,减少磨损。

4.2.3 支座保养除应符合现行《公路桥涵养护规范》(JTG 5120)的规定外,当出现下列情况之一时,也应予以保养和防护:
1 板式橡胶支座轻微老化,或表面出现轻微裂缝,裂缝宽度小于或等于1mm,裂缝长度大于相应边长的10%。
2 盆式支座和球型支座出现钢组件锈蚀现象。

4.2.4 支座保养宜每两年开展一次，可结合支座检查工作一并实施。

4.2.5 支座保养应确保支座各组件完整、有效，滑动顺畅、防尘罩完好，保证支座正常工作。

4.2.6 支座保养方法除应符合现行《公路桥涵养护规范》（JTG 5120）的有关规定外，尚应符合下列规定：

1 当板式橡胶支座出现的外鼓环向裂纹和老化裂纹宽度小于或等于1mm时，采用外防护剂新技术进行外防护和裂纹封堵。
2 盆式支座、球型支座安装后，支座临时锁定装置应及时解除。
3 盆式支座和球型支座的钢组件，应每2年进行一次除锈和涂刷防腐油漆。
4 设有防尘罩的支座，应定期维护防尘罩。
5 梁底调平楔形块功能作用及支座垫石周围的排水应保持良好状态。

条文说明

1 板式橡胶支座的外鼓开裂和老化开裂很普遍，市场上已有外防护和封堵裂缝的新技术、新材料，编制组经过工程实践和验证，其防护时间最长达10年以上，防护效果显著。
2 调查发现盆式支座和球型支座的定位板（或称自锁装置）安装后未拆除的很多，若不及时拆除，将影响支座使用功能。
3 盆式支座和球型支座以钢组件为主，为提高支座使用寿命，定期除锈和重新涂刷油漆是必要的。
5 梁底调平楔形块位置串动、移位，会影响支座平整度和正常受力。

4.3 支座维修

4.3.1 支座维修应根据缺损成因和缺损程度检查，提出针对性的维修方案。

4.3.2 支座维修应符合表4.3.2的规定。

表4.3.2 支座维修依据、维修方法和要求

支座类别	维修依据	维修方法和要求
普通板式橡胶支座	局部偏压、脱空、移位：偏移量≤10mm、脱空面积≤30%、剪切变形≤35°	脱空和偏压部分添加钢板，脱空移位的将其正位后添加钢板；剪切变形应调整复位
滑板橡胶支座	不锈钢板原位脱落，或小移位脱落，脱落移位＜50mm，滑板橡胶支座倒置安装	脱落不锈钢板应与梁底预埋钢板点焊固定，不宜采用普通焊条，应采用不锈钢焊条或焊丝，滑板橡胶支座正位安装
盆式支座	固定螺栓缺损，螺母松动或缺失	固定螺栓养护与维修，补全缺失螺母

续表 4.3.2

支座类别	维修依据	维修方法和要求
球型支座	固定螺栓缺损，螺母松动或缺失	固定螺栓养护与维修，补全缺失螺母；上球形板转角过大，应调整复位
支座垫石	支座垫石开裂，裂缝宽度≤1mm	垫石竖向裂缝表示混凝土强度等级不足，应对垫石修复加固
支座调平楔形块	调平楔形块水平度超限值，破损开裂等	重新维修支座调平楔形块

条文说明

（1）板式橡胶支座偏移设计位置、脱空和初始剪切变形的修复，可以将梁体顶升约1mm左右进行复位。

（2）滑板橡胶支座的不锈钢板脱落移位较多，导致滑动功能受阻，需要及时进行修复。

4.3.3 支座缺损项目的维修，应按本规范附录 A 进行记录，并签字存档。

5 支座更换前的检查、检测与评定

5.1 一般规定

5.1.1 支座的检查、检测、评定应包括下列内容：
1 支座工作状况、功能失效和适应性检查、评定。
2 支座缺损程度的定性、定量检测与等级评定。
3 支座更换桥梁主体结构的缺损检查、评定。

5.1.2 支座更换前，支座更换实施单位应以养护单位提供的定期检查报告或特殊检查报告为基础，对桥梁主体结构缺损部位和功能失效的支座进行补充调查，并评估支座更换的必要性及可行性。

5.2 更换前的检查与检测

5.2.1 桥梁主体结构缺损检查部位与检测项目应包括下列内容：
1 梁体结构的整体几何移位检查与检测，特别注意曲线桥梁端曲线内侧支座脱空移位，以及斜桥锐角处支座脱空和扭转移位等偏移原设计位置的情况。
2 混凝土结构桥梁主要受力部位的检查与检测，主要包括梁体挠度变形和混凝土开裂等。
3 钢结构桥梁主要受力部位的检查与检测，主要包括锈蚀、焊缝开裂、螺栓螺母松动和缺失及疲劳损伤等。
4 发生地震、交通事故等突发事件后桥梁主体结构的特殊检查。

5.2.2 支座工作状况检查与检测应符合下列规定：
1 支座工作状况检查与检测项目、检查范围和要求，应按现行《公路桥涵养护规范》（JTG 5120）和《公路桥梁技术状况评定标准》（JTG/T H21）的规定，并应满足表5.2.2的要求。
2 支座工作状况检查应以安装初始检查状况记录为原始依据，检查对比，评估运营后因支座功能状况改变而引起的缺损。
3 支座工作状况应以目测和检测仪器相结合的方法进行定性检查与定量检测。
4 支座工作状况检查记录应根据现行《公路桥涵养护规范》（JTG 5120）规定的

检查方式,按本规范附录 B 分别记录并签字存档,或纳入养护记录卡片和数据库。

表 5.2.2　支座工作状况检查与检测项目、检查范围和要求

支座类别	检查与检测项目	安装初始状态检查要求	运营后缺损情况定期检查范围与检查内容	检查与检测项目
板式橡胶支座	支座外观开裂状态	完好	橡胶老化不规则开裂、胶层外鼓开裂	裂缝宽度、裂纹范围、开裂面积、外鼓范围
	安装初始剪切变形	允许范围	剪切变形程度	剪切角
	转角变形	允许范围	倾斜变位,偏压变位	转角
	支座承压状态	平均受压	偏压脱空,全脱空移位,竖向压缩变形过大,压溃	偏移量、脱空面积、支座厚度
	滑板、不锈钢板	完好（允许范围）	四氟滑板滑脱、倒置,不锈钢板脱落移位	滑板滑脱、倒置情况,脱落数量,脱落移位距离
盆式支座	钢盆状态	完好	定位板是否拆除,钢盆开裂、倾斜、变形、锈蚀	开裂范围、长度,倾斜角度,钢盆变形角度,锈蚀面积
	固定螺栓、螺母	完好	固定螺栓弯曲、断裂,螺母松动,螺母缺失	螺栓弯曲、断裂数量,螺母松动、缺损数量
	盆式支座安装位置	支座布置正确,安装方向正常	支座布置位置错误,活动支座方向错误:纵向（ZX）、横向（HX）、双向（SX）与设计不符	支座布置位置、活动支座安装方向
球型支座	上支座板转动状态	转动在允许范围	上支座板转动是否超限	上支座板转动角度
	下支座板状态	完好	下支座板变形、倾斜、锈蚀	开裂范围、长度,倾斜角度,下支座板变形开裂状态,锈蚀面积
	固定螺栓、螺母	完好	固定螺栓弯曲、断裂,螺母松动,螺母缺失	螺栓弯曲、断裂数量,螺母松动、缺损数量

续表 5.2.2

支座类别	检查与检测项目	安装初始状态检查要求	运营后缺损情况定期检查范围与检查内容	检查与检测项目
球型支座	球型支座安装位置	支座布置正确，安装方向正常	支座布置位置错误，活动支座方向错误：单向（DX）、双向（SX）与设计不符	支座布置位置、活动支座安装方向
支座相关设施及周围环境	垫石承压状态	平整度在允许范围	垫石开裂、破损，垫石不平整度、尺寸不符，缺失配筋	不平整度、竖向裂纹个数、裂缝宽度
	梁底楔形块	平整度及水平度满足要求	梁底楔形块是否平整、水平度是否满足要求	不平整度、水平度检测
	周围环境	清洁	垃圾堆积、未清除	清洁度

条文说明

支座的工作状况检查、检测是为了对支座缺损进行养护与维修，以及功能失效后的更换决策提供评定依据。

5.2.3 支座的功能失效状况检查与检测应包括下列内容：
1 运营后支座脱空、移位。
2 曲线桥和斜桥扭矩过大引起支座偏压、脱空、移位。
3 不锈钢板脱落移位，转动、滑动功能受阻。
4 承压变形和剪切变形超限。
5 支座垫石不平整、偏压受力、开裂、破损、丧失承载力。

5.2.4 支座的适应性检查与检测应包括下列内容：
1 支座规格型号选用不当。
2 支座安装布置不符合设计要求，支座布置有误。
3 滑板橡胶支座不锈钢板漏放或滑板倒置。

条文说明

1 支座选型不当主要体现在三个方面：
(1) 规格型号选用错误，承载能力无法满足设计要求。
(2) T梁选用圆形支座，直径大于T梁腹板宽度，支座外露部分大于1/3直径，导致支座承压面积减小，承压力降低，如图5-1所示。
(3) 未考虑使用工况，如剪切变形后的承压面积变小，导致支座过载。

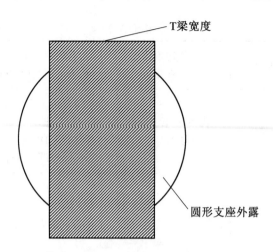

图 5-1 T梁采用圆形支座

2 支座布置出错主要包括：
（1）固定支座和活动支座位置布置出错。
（2）盆式支座、球型支座单向活动支座和双向活动支座布置出错，滑动面反置等。
3 滑板橡胶支座倒置，不锈钢板漏放或脱落，支座不能按设计要求滑移。

5.2.5 支座更换前的补充调查和检测应包括下列内容：
1 支座缺损成因，包括功能失效和适应性有问题的支座与数量。
2 未发现或漏检、误判的补充检测。
3 桥梁主体结构的缺损，结合定期检查报告，按本规范第5.2.1条要求进行补充调查。
4 对影响支座更换的桥下地形和临时设施进行调查。

条文说明

支座更换前的补充调查是对定期检查报告的确认，是为支座更换前所做的技术准备。

5.3 更换前的评定

5.3.1 支座更换前，桥梁主体结构安全评定应符合下列规定：
1 应根据主体结构的定期检查评定报告，确认对结构有安全影响的缺损和加固修复部位。
2 应根据桥梁的承载力和安全性检算评定，确认支座更换时梁体顶升的安全性。
3 发生突发事件后，应检查评估结构损伤部位、支座脱空移位、垫石破损等病害对主体结构的影响。

条文说明

1 桥梁主体结构工作状况评定，主要针对缺损部位，在更换前完成加固修复。
2 桥梁主体结构承载力和安全性检算，确认桥梁能否安全顶升。
3 发生突发事件后，会引起各种病害，需要及时检查、评估病害影响。

5.3.2 支座更换工况下梁体结构承载力安全性检算评定应符合下列规定：
1 梁体结构安全性检算应分别按承载力极限状态和正常使用极限状态进行。
2 当结构存在不可修复的缺损时，其检算应按实际缺损情况修正计算模型。
3 采用不同顶升方式施工的梁体结构，应考虑顶升高度变化产生的影响。
4 曲线桥、斜桥、变截面箱梁桥等几何非线性明显的特殊结构桥梁，应建立空间有限元分析模型，进行检算评定。
5 当桥梁遭受交通事故、台风、地震和泥石流等特殊作用后，应按现场检测结果进行专项检算评定。

条文说明

1 检算的目的：一是评定更换支座桥梁的承载力，二是评定支座更换时桥梁顶升的安全性。
2 本款所述不可修复的缺损，例如，大跨度预应力变截面连续箱梁桥主跨下挠过大是不可修复的，所以要根据实际缺损情况对验算模型进行修正，以确保检算结果切合实际。
3 桥梁顶升时施工存在不确定因素，遭遇特殊情况时，顶升力和顶升高度发生改变要按实际变化进行调整和检算。
4 几何非线性明显的曲线桥、斜桥等特殊结构桥梁应用占比不断增多，由于结构呈现空间受力状态，按本款规定建立空间有限元分析模型进行检算是必要的。
5 当桥梁遭遇突发灾害作用时，会发生不同部位的损伤，现场实测结果是结构安全检算评定的主要依据。

5.3.3 支座的评定应分为工作状况评定、功能失效评定和适应性评定。

5.3.4 支座的工作状况应根据不同类型支座的定期检查缺损程度，按表5.3.4-1~表5.3.4-4进行分级评定。

表5.3.4-1 板式橡胶支座工作状况定期检查缺损等级评定标准

评定等级	定性特征描述		定量描述
	缺损类别	缺损特征	
1	橡胶老化、开裂	外观基本完好，无开裂现象	—
2		轻度老化，表面出现少量肉眼能见的不规则裂纹	裂纹范围小于外表面积的30%，裂缝宽度≤1mm

续表 5.3.4-1

评定等级	定性特征描述		定量描述
	缺损类别	缺损特征	
3	橡胶老化、开裂	不规则裂纹较多，裂缝宽度较大	外表面积的30%≤裂纹范围＜外表面积的50%，0.5mm＜裂纹宽度≤2mm
4		外表面不规则严重开裂范围大，裂缝宽度较大	裂纹范围＞外表面积的50%，裂缝宽度≥2mm
1	胶层分层外鼓开裂	轻微外鼓，未开裂，基本完好	—
2		分层不均匀外鼓，出现微细裂纹	不均匀外鼓范围＜外表面积的20%，裂纹宽度≤0.5mm
3		分层外鼓凸出较大，环向裂缝较多较宽	外表面积的20%＜不均匀外鼓范围≤外表面积的50%，0.5mm＜裂纹宽度≤2mm
4		分层压缩外鼓凸出较严重，压缩变形较严重，呈压溃状态	不均匀外鼓范围＞外表面积的50%，裂纹宽度≥2mm，压缩变形≥胶层总厚度的15%或压溃
1	剪切变形	正常，无剪切变形	—
2		初始剪切变形，肉眼能看出	剪切角≤10°
3		出现明显剪切变形，倾斜角较大	10°＜剪切角≤35°
4		出现严重剪切变形，剪切角超过标准允许值	剪切角＞35°
5		整体功能失效评定	
1	承压状态	安装位置正常，承压状态正常	—
2		支座偏移设计位置，偏压、局部脱空在允许范围内	偏移量≤10mm，局部脱空面积≤30%
3		支座偏移设计位置明显，偏压、局部脱空较多	10mm＜偏移量≤30mm，脱空面积＞30%
4		支座偏位过大，局部偏压、脱空，或完全脱空、移位滑出、竖向压缩变形超限，或压溃	偏移量＞30mm，或完全脱空移位滑出，竖向压缩残余变形大于胶层总厚度的7%或压溃
1	滑板、不锈钢板状态	滑板，不锈钢板安装正常	—
2		滑板正常，不锈钢板未固定，原位脱落	不锈钢板脱落，未移位
3		滑板外露或磨损，不锈钢板脱落移位	0.5mm＜滑板磨损≤1mm，20mm≤不锈钢板脱落移位＜50mm
4		滑板开裂、磨损、脱落、外露；不锈钢板脱落移位过多，支座滑板安装倒置，或漏放不锈钢板等，滑动受阻	滑板严重磨损厚度＜0.5mm，不锈钢板脱落移位≥50mm，或漏放，滑板面倒置安装

表 5.3.4-2　盆式支座工作状况定期检查缺损等级评定标准

评定等级	定性特征描述		定量描述
	缺损类别	缺损特征	
1	钢盆外观状态	基本完好	—
2	钢盆、固定螺栓等锈蚀	因排水不畅引起钢组件锈蚀（钢盆和固定螺栓等）	外表面锈蚀2/3以上或全部
	临时锁定装置未拆除	临时锁定装置安装后未及时拆除，影响支座作用功能	全部或部分未拆除
3	钢盆固定螺栓缺损	固定螺栓顶弯、剪断，固定螺母松动、脱落	数量1~2个
4	安装不平整、倾斜	存在纵横坡度的桥梁，安装支座构造措施未得到有效控制，导致支座倾斜度过大	上压板倾斜过大与钢盆接触，影响支座使用功能
	钢盆壁开裂	产品质量问题和支座垫石不平整而导致钢盆壁竖向开裂	出现1~2条竖向裂缝，1mm＜竖向裂缝≤2mm
	支座安装错误	规格、型号、支座布置位置、安装滑移方向（ZX、HX和SX活动）错误，不符合设计和使用功能要求	安装错误，不符合设计要求
	滑板、不锈钢板状态	滑板开裂，不锈钢板脱落移位或漏放，滑板倒置，滑动受阻	不锈钢板脱落移位大于50mm或漏放，滑板倒置

表 5.3.4-3　球型支座工作状况定期检查缺损等级评定标准

评定等级	定性特征描述		定量描述
	缺损类别	缺损特征	
1	支座外观状态	基本完好	—
2	钢组件锈蚀	钢盆和固定螺栓等锈蚀	外表面积的20%≤锈蚀面积＜外表面积的50%
	定位板未拆除	定位板安装后未及时拆除，影响支座作用功能	全部或部分未拆除
3	固定螺栓缺损	固定螺栓顶弯、剪断，固定螺母松动、脱落	数量1~2个

续表5.3.4-3

评定等级	定性特征描述		定量描述
	缺损类别	缺损特征	
4	安装不平整、倾斜	存在纵横坡度的桥梁，安装支座构造措施未得到有效控制，导致支座倾斜度过大	上支座板倾斜过大，影响支座使用功能
	下支座板开裂	产品质量问题或支座垫石不平整而导致下支座板变形开裂	出现1~2条竖向裂缝，1mm<竖向裂缝≤2mm
	支座安装位置错误	规格、型号、支座布置位置、安装滑移方向（DX和SX活动）错误，不符合设计和使用功能要求	安装错误，不满足设计要求
	支座转角过大	上支座板转动角度过大，超设计允许值，安装定位控制不到位所致	转动角度大于设计允许值
	滑板、不锈钢板缺损状态	滑板开裂，不锈钢板脱落移位或漏放	不锈钢板脱落移位大于50mm或漏放

表5.3.4-4 支座垫石工作状况定期检查缺损等级评定标准

评定等级	定性特征描述		定量描述
	缺损类别	缺损特征	
1	外观尺寸和状态	基本完好	—
2	施工垃圾过多	模板未拆除；建筑垃圾过多，废弃混凝土堆积过高，排水不畅	废弃物和废弃混凝土堆积在支座周围，堆积高度影响支座使用功能
3	垫石上表面不平整	平整度施工控制不严，不平整	不平整度≥1mm，支座偏压
	垫石开裂	支座垫石混凝土强度等级不足，或支座偏压引起开裂	竖向裂纹<2条，裂缝宽度≤1mm
4	支座垫石破损	垫石破损，丧失承载力	竖向裂纹≥2条，破损或裂缝宽度>1mm

条文说明

表5.3.4-1：

（1）表中缺损类别第一项为老化开裂，当老化开裂达到4级时，将影响使用寿命。

（2）表中缺损类别第二项为胶层压缩环向外鼓开裂，表示裂缝性质的区别。当压缩变形大于胶层总厚度的15%时，将会丧失竖向承载能力。胶层外鼓开裂表示支座竖向刚度不足，但不影响使用。

（3）表中缺损类别第三项剪切变形的定量标准与《公路桥梁板式橡胶支座》

（JT/T 4—2019）的规定一致，具体操作时可换算成剪切角的正切值，正切值 0.7 即剪切角将 35°是允许值。剪切角大于 35°将导致竖向承压面积过小，丧失竖向承载能力。

（4）表中缺损类别第四项承压状态中，支座脱空移位过多会影响结构受力安全；板式橡胶支座竖向压缩变形大于胶层总厚度的 15%或残余变形大于胶层总厚度的 7%时，可以确认支座已丧失竖向承载力。

表 5.3.4-2：

（1）盆式支座分为固定支座（代号 GD）、纵向活动支座（代号 ZX）、横向活动支座（代号 HX）和双向活动支座（代号 SX）4 种类型。调查发现，在用盆式支座设计布置、安装位置和活动支座安装方向存在与设计功能要求不符的情况，会影响结构安全。

（2）盆式支座的滑板和不锈钢板状态评定与板式橡胶支座要求相同。

表 5.3.4-3：

（1）球型支座分为固定支座（代号 GD）、单向活动支座（代号 DX）和双向活动支座（代号 SX）3 种类型。球型支座承载力大、适应梁体转角能力好于盆式支座，主要应用在宽桥、匝道桥、斜桥和纵坡较大的桥梁等。调查发现，球型支座上座板转动角度过大的情况较多，超过设计允许值，主要由安装时上座板定位固定不规范所致。此外，球型支座安装位置错误也比较常见。

（2）球型支座的滑板和不锈钢板状态评定与板式橡胶支座要求相同。

表 5.3.4-4：

支座垫石的问题主要包括：垫石配筋缺失；垫石混凝土强度等级不足；垫石平面尺寸、高度和平整度等不符合设计要求；垫石施工模板未拆除；废弃混凝土和建筑垃圾未清除，影响支座受力。

5.3.5 支座整体功能失效状况可根据表 5.3.5 进行评定。当支座缺损等级按表 5.3.4-1～表 5.3.4-4 评定为 4 级的项目达到其中一项时，可评定为支座整体功能失效。

表 5.3.5 支座整体功能失效条件特征

类别	功能	整体功能失效条件特征
板式橡胶支座	承压、转角、剪切、滑动	橡胶老化、开裂 4 级，胶层分层外鼓开裂 4 级，剪切变形 4 级，承压状态 4 级，滑板、不锈钢板状态 4 级
盆式支座	承压、转角、滑动	安装不平整、倾斜 4 级，钢盆壁开裂 4 级，支座安装错误 4 级，滑板、不锈钢板状态 4 级
球型支座	承压、转角、滑动	安装不平整、倾斜 4 级，下支座板开裂 4 级，支座安装位置错误 4 级，上支座板转角过大 4 级，滑板、不锈钢板缺损状态 4 级
支座垫石	承压	垫石开裂或破损 4 级，丧失承载力

5.3.6 检查检测发现适应性有问题的支座，其适应性评定应按本规范第 5.2.4 条的规定进行，并综合评定支座的设计、选型与安装存在的缺陷。适应性不匹配的支座，应通过支座更换方案设计变更支座规格型号。

6 支座更换设计

6.1 一般规定

6.1.1 支座更换应通过桥梁顶升设计后方可实施。

条文说明

桥梁顶升作业风险较高、难度较大，与桥型、结构形式和墩柱结构等密切相关，影响因素复杂，要进行专项设计。

6.1.2 支座更换设计可按图6.1.2的流程进行。

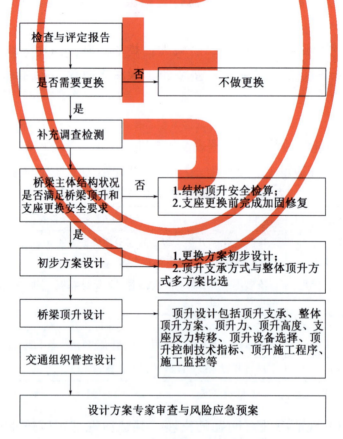

图6.1.2 支座更换设计流程图

6.1.3 支座更换设计应符合下列规定：

1 应根据定期检查评定报告，并结合补充调查进行支座更换初步设计和方案比选。

2 桥梁主体结构存在影响结构安全的缺陷时，应有加固和修复设计方案，并在桥梁顶升前完成修复加固。

3 支座更换设计应包括交通安全管控设计。支座更换作业宜封闭交通进行。当技术条件允许时，可优先选用不中断交通下的支座更换方案。

4 设计方案应保证主体结构的安全，并兼顾方便施工作业。

5 顶升设计应包括施工监控和安全风险应急预案。

6.2 桥梁顶升设计

6.2.1 桥梁顶升设计应符合下列规定：

1 应搜集、查阅桥梁原设计图纸（包括支座设计布置图），按现行《公路钢筋混凝土及预应力混凝土桥涵设计规范》（JTG 3362），并参照现行《桥梁顶升移位改造技术规范》（GB/T 51256）的相关规定，根据桥型、上部结构和墩柱的结构形式等因素，进行顶升方案选择设计。

2 顶升设计前应确认需要变更规格型号的支座和支座更换数量。

3 应确认支座垫石缺损状况和缺损数量，并提前做好修复方案。

4 顶升设计前应确认梁底净空高度、桥下地形地貌和临时设施情况。

6.2.2 桥梁顶升设计应包括下列内容：

1 桥梁顶升方案设计。

2 桥梁顶升支承方案设计。

3 顶升力和顶升高度控制计算。

4 顶升设备选择（平面尺寸、高度、行程及吨位）。

5 临时支承装置设计与选择。

6 顶升位置和支座反力转移位置选择及局部承压验算。

7 支座安装方法设计。

8 梁底调平楔形块维修及支座垫石修复方案设计。

9 桥梁顶升和梁体复位控制技术指标验算。

10 支座更换施工监控项目和监控方案设计。

6.2.3 桥梁整体顶升方案应按不同桥型、不同结构形式等进行设计，宜选择下列方法：

1 横向同步、纵向逐墩顶升法。

2 纵向整联跨同步顶升法，包括不中断交通下的顶升。

6.2.4 预制装配式桥梁结构（包括空心板梁、T 梁和小箱梁等）支座更换时，应按设计图纸和墩柱盖梁支承形式的特点，结合支座布置形式（图 6.2.4-1、图 6.2.4-2），选择横向同步、纵向逐墩顶升方法。

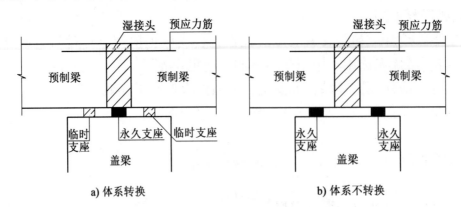

图 6.2.4-1 先简支后连续桥梁结构示意图

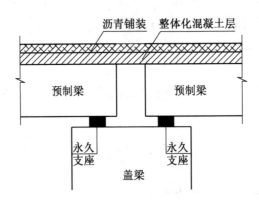

图 6.2.4-2 结构简支桥面连续结构示意图

6.2.5 等截面预应力混凝土连续箱梁桥的支座更换，宜采用纵向整联跨同步顶升方式进行顶升设计，且可不中断交通更换。

条文说明

等截面预应力混凝土连续箱梁桥由于顶升时的强迫位移影响，在主要受力断面出现次效应，可能会对结构受力产生不利影响。为确保结构受力安全，减小支座更换对桥面交通的影响，可以采用不中断交通下纵向整联跨同步顶升技术对支座进行更换。

6.2.6 变截面预应力混凝土连续箱梁桥支座更换时，应根据现行《公路钢筋混凝土及预应力混凝土桥涵设计规范》（JTG 3362）的规定，按设计图对多处应力扰动区采用拉压杆理论、实体有限元模型或特殊受力情况的简化公式计算特殊部位的应力变化情况，进行验算和顶升设计。顶升宜采用整联跨同步顶升方法，严格控制梁体的顶升和梁体复位的同步性。

条文说明

变截面箱梁与等截面箱梁不同,存在多处应力扰动区,容易开裂,要验算应力扰动区的应力变化。大跨预应力混凝土变截面箱梁普遍存在下挠,属于不可修复的缺陷,顶升设计要根据下挠多少计入建模修正。

6.2.7 曲线桥支座更换及梁体顶升设计应符合下列规定:

1 对曲线桥影响因素的判别,应根据设计图和实际工程状况,按式(6.2.7)确定;不符合式(6.2.7)条件的应考虑曲线桥的影响因素。

$$\frac{L^2}{BR}<1 \tag{6.2.7}$$

式中:L——曲线桥曲线外侧弧长(m);
　　B——桥梁半宽(m);
　　R——弯曲半径(m)。

2 应按曲线桥设计的结构形式、弯曲半径、单双幅和桥宽、纵横坡度、墩柱结构和支座布置形式等因素,以及曲线桥的受力特点和实际支座的脱空移位情况,通过实体有限元计算曲线桥支座反力大小分布,选择顶升方法。

3 温度对曲线桥的影响,特别是昼夜温差较大的地区,应考虑温差变化对曲线桥增大扭矩的影响。当计算支座出现负反力时,应调整设置弯心处支座预偏心,其预偏心距应通过计算确定。当曲线桥两端设置抗扭支座时,两端曲线内侧应改设拉压支座替代原支座。

4 当曲线桥多跨连续,曲线外侧弧长较大时,行车离心力增大,设计时应增强中间墩的抗弯能力和水平刚度。

5 当曲线桥为预应力结构时,尤其是小曲率半径的箱梁曲线桥,应通过计算对中间跨支座设置预偏心,对桥的两端设置抗扭支座。

条文说明

1 曲线桥广泛应用于立交桥、匝道桥、跨线桥和特大桥梁的引桥等,属于特殊桥型。是否考虑曲线桥影响因素,可以按本条的曲线桥影响计算公式进行判别。式(6.2.7)是依据加拿大安大略省《公路桥梁设计规范》采用的曲线桥判别公式,实际工程验算过很多座曲线桥,适用性很好。

2 曲线桥由于弯曲半径的存在而产生扭矩,弯曲半径大小产生的弯扭效应改变了曲线桥的受力状态,导致曲线内外侧支座反力不等,曲线内侧可能出现无效支座即支座脱空。设计时一般通过对曲线桥弯心处采用双支座设置预偏心。曲线桥两端要设置抗扭支座,必要时可以在内侧设置拉压支座。

3 温度对曲线桥的影响很大,尤其在南方夏天高温季节和昼夜温差大的地区,温度变化会增大曲线桥扭矩,曲线桥曲线内侧两端支座反力会减小,甚至出现负反力而脱空，需要设置拉压支座防止脱空。若中间墩曲线外侧支座向外爬行移位，则中间墩采用双支座，并设置预偏心，降低扭矩作用。

4 曲线桥曲线外侧弧长 L 的大小，直接影响曲线桥扭矩大小。尤其多跨曲线桥弧长增大，导致行车对曲线桥的离心力增大，加大对中间跨柱墩的水平力作用，从而使中间柱墩出现弯曲开裂或移位。

5 预应力对曲线梁的影响不可忽略，根据曲率半径大小和预应力筋的布置计算，确认预应力对曲线梁产生扭矩影响的大小。

6.2.8 斜桥的支座更换及梁体顶升设计应符合下列规定：

1 当斜桥支承轴线的垂直线与桥纵中轴线的夹角（即斜交角）φ 不大于 15°、跨宽比（L/b）小于 1.3 时，应按《公路钢筋混凝土及预应力混凝土桥涵设计规范》（JTG 3362—2018）规定的条件进行计算。支座更换应通过建立数值分析模型计算斜桥支座反力的大小分布，并进行斜桥顶升设计，选择科学合理的顶升方法。

2 当斜交角为 15°≤φ<40°时，预制装配式混凝土斜板桥可按计算跨径为斜跨的正交桥计算，其计算条件可按表 6.2.8 取值。支座更换可通过有限元计算分析斜桥的弯扭耦合效应和由此产生的支座反力大小不等的分布位置，进行斜桥顶升设计，选择合适的顶升方法。

3 当斜桥锐角处计算支座出现负反力或实际工程中锐角处出现支座脱空时，应采用拉压支座替换原支座。钝角处支座可适当抬高，降低扭矩影响。

4 当斜桥桥面拓宽，斜桥的跨宽比（L/b）减小时，支座更换应按跨宽比改变后的计算跨径（表 6.2.8）取值进行顶升设计，并选择合适的顶升方法。

表 6.2.8 斜板桥按正交板桥计算条件

编号	跨宽比（L/b）	斜交角 φ	计算跨径
1	>1.3	≤40°	斜跨
2	1.3~0.7	<15°	正跨
3		15°<φ<40°	（斜跨+正跨）/2
4	<0.7	<40°	正跨

注：本表摘录自《公路钢筋混凝土及预应力混凝土桥涵设计规范》（JTG 3362—2018）中的表 4-2。

条文说明

1 斜桥是为服从公路选线走向而跨越河流和其他公路、铁路而呈斜交状态的特殊桥型。据调查和不完全统计，目前高速公路上的斜桥数量约占桥梁总数的 40%~50%。斜桥分为斜板桥、斜梁桥、斜拱桥和斜刚架桥。还有单跨和多跨之分。斜桥的受力特点和影响因素较多。当斜交角不大于 15°，长宽比小于 1.3 时，按《公路钢筋混凝土及预应力混凝土桥涵设计规范》（JTG 3362—2018）规定的条件进行计算，确认桥梁支座反力大小分布，选择顶升方法。

2 斜交角直接改变主桥受力状态，斜桥除了弯矩之外，还存在扭矩，由于弯扭效应，受力状态比正桥复杂得多。随着斜交角的增大，大于15°时，斜桥跨中弯矩开始减小，扭矩增大，支座反力出现不等；钝角处的支座反力增大，锐角处支座反力减小，甚至出现负反力而导致支座脱空或引起梁体扭转移位，造成盖梁端部挡板挤压破坏。

3 斜桥支座更换设计时，锐角处若出现负反力或支座脱空，根据计算负反力大小采用拉压支座替代原支座，钝角处适当抬高，减少扭矩影响。

4 路面拓宽工程中，斜桥跨度不变、宽度增大，迫使跨宽比（L/b）减小，斜桥扭矩增大明显，导致斜桥扭转移位的风险增大。工程案例：某高速公路桥梁采用了预制装配式小箱梁，跨度30m，桥宽24m，跨度35.5m，斜交角20°，当由四车道拓宽为六车道后，桥宽增大为35.5m，跨宽比减小，扭矩增大，从而产生大部分支座扭转移位，导致斜桥支承盖梁端头挡板被斜桥扭转挤压损坏。

6.2.9 桥梁顶升支承方案设计可根据上部结构支座反力大小、梁底净空及墩柱结构形式，选择下列方法：

1 墩顶支承顶升法。
2 钢抱箍支承顶升法。
3 钢支架支承顶升法（含落地支架、鞍形支架和钢牛腿支承顶升法等）。
4 杠杆顶升法。

条文说明

1、2 墩顶支承顶升法主要用于独柱墩。若支承面积不满足要求，可以外加钢抱箍扩大支承面。

3 钢支架支承顶升主要是在顶升支承条件有难度时采取的支承措施。

6.2.10 当独柱桥墩选用墩顶支承顶升法时，宜在墩顶以下1m范围内采用碳纤维包裹加固。当千斤顶顶升支承面积不足时，应在墩顶增设钢抱箍以扩大支承面，并按现行《钢结构设计标准》（GB 50017）进行专门设计，如图6.2.10所示，并应满足下列要求：

1 钢抱箍竖向承载力与单个高强螺栓正应力之间的关系，见式（6.2.10-1）：

$$P \leqslant 2k\pi nS\sigma_1 \qquad (6.2.10\text{-}1)$$

式中：P——钢抱箍竖向承载力（N）；
k——钢材与接触界面材料（混凝土、橡胶垫或碳纤维布）之间的摩擦系数；
S——单个高强螺栓截面面积（mm²）；
n——钢抱箍一侧高强螺栓的个数；
σ_1——单个高强螺栓正应力（MPa）。

2 钢抱箍竖向承载力与钢抱箍环向应力之间的关系，见式（6.2.10-2）：

$$P \leqslant 2k\pi th\sigma_g \qquad (6.2.10\text{-}2)$$

式中：h——钢抱箍钢板的高度（mm）；

t——钢抱箍钢板的厚度（mm）；
σ_g——钢抱箍环向应力（MPa）。

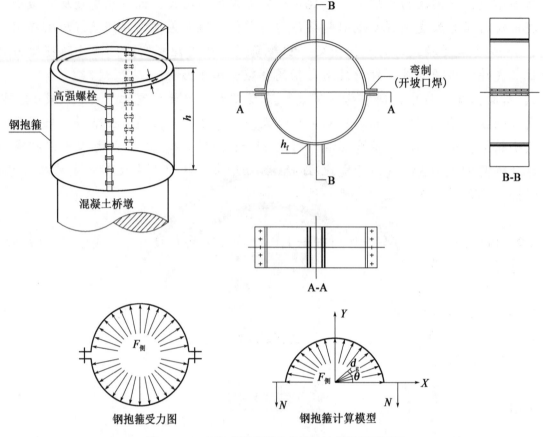

图6.2.10 钢抱箍示意图及其设计计算模型图示例

条文说明

桩柱式桥梁下部结构在公路桥梁中应用很多，特别是弯桥和匝道桥，出现的问题也较多，柱墩截面尺寸设计偏小，未考虑支座更换空间给桥梁顶升和支座更换带来的难度很大，操作空间过小，很容易将墩顶顶坏。因此，本条中规定根据工程实践经验，采用碳纤维对墩顶加固，形成约束混凝土，防止墩顶劈裂损坏，当墩顶支承面不够时，采用钢抱箍扩大支承面。

6.2.11 当选用钢支架支承顶升法时，应符合下列规定：

1 当选用落地钢管支架顶升时，应按现行《钢结构设计标准》（GB 50017）对钢支架的承载力和稳定性进行设计和验算。钢管支架应具有牢固的基础固定设施；当墩柱高度大于5m时，应有横向构造连接措施，减少长细比影响，以增加竖向稳定性。如图6.2.11-1所示。

2 当采用鞍形钢支架顶升时，其尺寸构造和承载力应按现行《钢结构设计标准》（GB 50017）进行设计计算。设计示意图如图6.2.11-2所示。

3 当采用钢牛腿支承顶升时,在墩顶盖梁侧面设置安装钢牛腿安放千斤顶,钢牛腿的承载力、构造尺寸及与盖梁的锚固连接应按现行《钢结构设计标准》(GB 50017)规定,通过设计计算确定。顶升布置如图6.2.11-3所示。

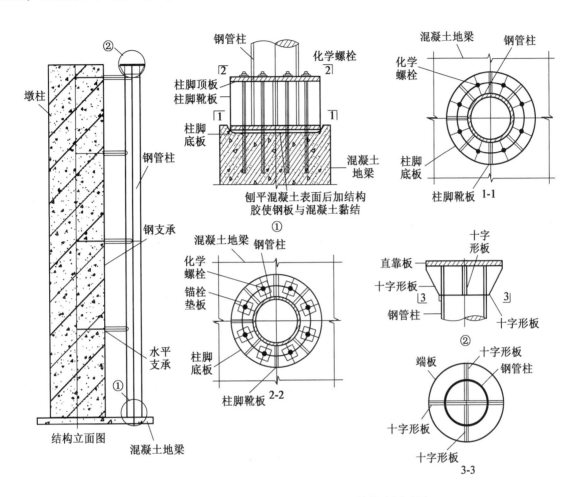

图6.2.11-1 落地钢管支架顶升支承连接构造图示例

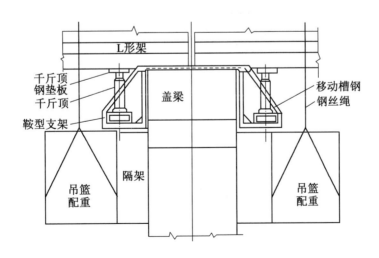

图6.2.11-2 鞍形钢支架顶升法示意图(或称贝雷法)

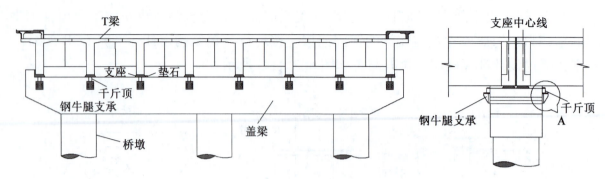

图 6.2.11-3 钢牛腿及千斤顶布置示意图

条文说明

1 桥梁顶升缺少顶升位置时，通常在墩柱外增设落地钢结构支架安放千斤顶或支座反力转移临时支承点，同时需对钢结构支架进行专门设计计算，保证安全性。

钢管支架基础要确保坚实可靠，同时钢管支架要与墩柱牢固连接或钢管支柱之间加设横向支承，防止竖向失稳。

2 预制装配式结构的空心板梁、T梁和小箱梁，一般均采用墩柱盖梁结构支承体系，梁体顶升时，支座空间狭小，安装顶升设备难度大，通常采用鞍形钢支架安放千斤顶顶升或采用钢牛腿支承方案。

3 当采用钢牛腿支承顶升时，对钢牛腿支承设计要求：一是要有足够的承载力，二是与盖梁的连接要牢固。顶升设计方案比选时可通过施工安装便捷性和用钢量与鞍形钢支架顶升法进行经济比较后决定。

6.2.12 当选用杠杆顶升法时，应按现行《钢结构设计标准》（GB 50017）进行构造尺寸和承载力计算，如图6.2.12所示。

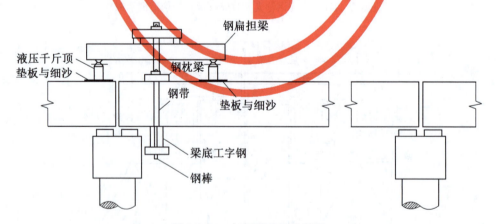

图 6.2.12 杠杆顶升法示意图

条文说明

对于桥梁跨径较小，单孔自重不大和桥面连续的简支梁结构体系，桥下有河水和地理环境不利施工情况下的桥梁顶升和支座更换，通常采用杠杆顶升法。

6.2.13 支座反力转移设计应符合下列规定：

1 桥梁顶升后，不应在千斤顶的顶升力作用下直接更换支座，应将支座反力（即顶升力）转移至临时支承装置上进行更换。

2 支座反力转移设计内容应包括支座反力转移临时支承位置选择、局部承压验算、临时支承装置尺寸和临时支承高度调节方法等，并应根据墩柱结构形式和墩顶平面尺寸、支座类型和数量、支座反力大小，以及千斤顶顶升位置计算确定。

3 支座反力转移临时支承方式，宜采用机械式装置，包括钢垫板、螺旋千斤顶等；应进行专门设计和专门加工定制；应满足搬运方便、可重复使用、可直接现场安装等要求。

条文说明

1 在千斤顶顶升力作用下更换支座，特别是大吨位支座更换，极不安全。支座反力转移设计是桥梁顶升后将支座反力安全转移到可靠位置，采用临时支承装置承担支座反力，然后实施支座垫石修复加固和支座更换。

2 桥梁顶升后，支座反力转移至临时支承点位置需要考虑的因素有：墩柱结构、墩顶平面尺寸、支座类型和数量、支座反力大小，临时支承位置要保证梁体支承安全，不能损伤墩顶。

3 根据支座反力大小，专门设计、定制并加工可保证平整度的、不同厚度要求的钢垫板，选择可调节高度的螺旋千斤顶或承载器。

6.2.14 顶升力应根据桥梁设计荷载等级、实际交通量调查及超载等综合因素，按式（6.2.14）计算：

$$F_D = kR \tag{6.2.14}$$

式中：F_D——单个支座顶升力（kN）；

R——单个支座恒载与活载的标准值之和产生的支座反力（kN），若封闭交通顶升，可不考虑活载影响；

k——安全储备系数，取值不小于1.5。

条文说明

顶升力计算有两个目的：一是考虑梁体顶起的最大顶升力，选择和配置为满足最大顶升力所需的千斤顶数量，二是用于现场顶升力监控。

6.2.15 计算和确定顶升高度应符合下列规定：

1 确定桥梁顶升高度时，应充分考虑取出原支座和支座垫石修复施工时的最低可操作空间。当实际所需顶升高度超过设计控制值时，应验算顶升引起的强迫位移对结构产生的不利影响。

2 当不中断交通纵向逐墩横向同步顶升时，主梁顶升高度应不大于5mm；当中断交通纵向逐墩横向同步顶升时，主梁顶升高度应不大于10mm。

3 当采用不中断交通纵向整联跨同步顶升时，主梁顶升高度应不大于15mm。

条文说明

1 顶升高度需严格按照主梁顶升设计方案给定的顶升高度设计值执行。当需要超过顶升高度设计值时，要委托设计单位或第三方重新验算顶升高度对梁体结构可能产生的不利影响，确保结构受力安全后采用。

2 相较于不中断交通同步顶升，中断交通同步顶升高度可以适当放宽。

3 采用纵向整联跨同步顶升法时，不存在强迫位移，顶升高度可以适当放宽。

6.2.16 局部承压验算应符合下列规定：

1 千斤顶、临时支承与墩台及梁底接触面，应按设计顶升力和现行《公路钢筋混凝土及预应力混凝土桥涵设计规范》（JTG 3362）的规定进行局部承压验算。

2 当局部承压验算不满足要求时，应设置钢垫板，并通过计算确定钢垫板的平面尺寸与厚度。

条文说明

1 局部承压验算包括两方面：一是千斤顶、临时支承底座与墩台顶面的局部承压；二是千斤顶、临时支承顶面与梁底的局部承压。

2 局部承压验算不满足规范要求时，要采用钢垫板扩大承压面。

6.2.17 支座垫石修复加固设计应符合下列规定：

1 应根据支座垫石缺损成因，进行整治修复设计，复核垫石的平面、高度尺寸、平整度、配筋和混凝土强度等级，不符合设计要求的应给出设计方案并拆除重做。

2 当缺陷程度不严重时，可就地加固修复。

条文说明

1 支座更换，以往由于只关注支座本身，而不重视支座连接部位的病害对桥梁安全存在的影响。支座垫石出现缺损，对支座竖向承压力影响很大，损坏严重的要拆除重建。

2 支座垫石缺损不严重的，就地进行加固修复。

6.2.18 对于梁底存在纵横坡情况，应采用调平楔形块进行调平处理，梁底调平楔形块角度及平整度应满足现行标准及设计要求。

6.3 桥梁顶升安全控制技术指标及验算

6.3.1 桥梁顶升控制安全技术指标应根据桥梁原设计的结构形式进行验算；对于预制装配式桥梁结构，应按本规范附录 C 进行验算，其控制技术指标应包括下列内容：
1 桥墩处最大允许顶升高度。
2 纵向和横向顶升位移偏差。
3 梁体复位后的整体高程与原高程的偏差（包括纵、横向）。

条文说明

梁体结构形式各异，验算时根据具体设计图纸或当地的通用图集进行。本规范附录 C 是东南大学研究团队根据交通运输部原《公路钢筋混凝土及预应力混凝土桥涵设计规范》（JTG D62—2004）通用图集作为算例，近十多年来专门对常用中小跨径直线桥梁的顶升安全控制技术指标进行验算和中小跨径桥梁支座更换方法研究得到的成果，并经过了工程实践检验。

6.3.2 曲线桥和斜桥应按设计图纸和本规范第 6.2.7 条和第 6.2.8 条所述影响因素，采用空间有限元计算方法验算桥梁各部位支座反力大小、所需顶升力及顶升高度对梁体顶升的安全技术控制指标。

条文说明

曲线桥和斜桥不同于直桥，分别受弯曲半径大小和斜交角大小等因素影响，支座反力大小分布不均匀，给梁体顶升安全控制增加了不少难度，要通过严格验算加以控制。

本条规定按原桥梁设计图，采用空间有限元计算方法验算支座反力的大小分布和安全控制参数，经过实际工程验证是可行的。

6.3.3 变截面预应力混凝土连续箱梁桥应按本规范第 6.2.6 条的规定验算顶升技术控制指标和应力扰动区的应力变化。

条文说明

变截面预应力混凝土连续箱梁桥现在应用较多，而且跨度也逐渐增大，由于特殊的受力特点，出现问题比较多。顶升控制技术指标验算较复杂，实际应用时采用有限元验算是优选方法。

7 支座更换施工

7.1 一般规定

7.1.1 桥梁支座更换施工应按图 7.1.1 的流程进行。

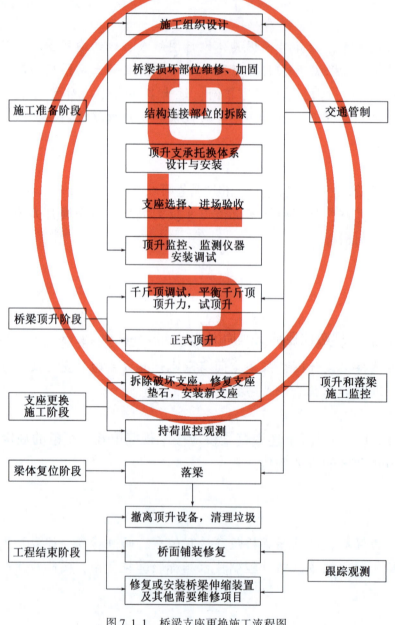

图 7.1.1 桥梁支座更换施工流程图

7.1.2 桥梁支座更换施工应按支座更换设计文件编制施工组织设计，包括支座更换方案、交通管控方案和应急预案等。

7.1.3 桥梁支座更换施工应按设计文件结合现场调查，核对更换支座的规格型号和数量，生产厂家应提供质保书和产品合格证书。安装前应有第三方的合格检测报告。

条文说明

按支座更换设计文件对新更换支座的规格型号或变更的支座规格型号进行核对，并选择生产厂家订购产品。对产品进场后的质量验收和取样检测，按支座更换设计文件规定执行。产品合格证、质保书和出厂检验报告等文件要齐全。

7.1.4 桥梁支座更换宜选择封闭交通施工。当选择不中断交通施工时，应实施交通管制并设置警示牌和车辆限速标志。

7.1.5 桥梁支座更换过程中产生的废弃支座与建筑垃圾应妥善处理，不得随意丢弃、污染环境。

7.2 前期准备工作

7.2.1 施工前应按施工组织设计文件要求，搭设支座更换所需的脚手架和操作平台，并与桥梁底面保持足够的空间；周围应设置护栏，以保证操作人员的安全。

7.2.2 施工前应清理墩柱顶部支座周围垃圾和废弃混凝土，对支座垫石存在缺损的，应提前做好修复加固或重做垫石的相关准备工作。

条文说明

7.2.1、7.2.2 支座更换前的基础性准备工作，是保证梁体安全顶升和支座安全更换的技术条件。

7.2.3 顶升支承所需配套钢抱箍、钢支架和钢牛腿等构件应根据本规范第6.2.10条~第6.2.12条的规定，提前做好制作和现场安装的相关准备工作。

7.2.4 支座反力转移所需的临时支承设备（钢垫板等）的安装位置应平整，无凹凸不平。不符合要求的，应在安装前按平整度要求做好找平处理。

条文说明

支座反力转移所需的特制不同厚度钢垫板和可调节高度承载设备的现场安装位置，需确保平整，能保障均匀和安全受力。尤其是大吨位支座反力转移承载器的安装，更要特别重视。

7.2.5 顶升设备的选用、配备和计量校验等应符合下列规定：

1 千斤顶的平面尺寸及高度应符合桥梁顶升空间尺寸要求。

2 千斤顶顶升力不应小于桥梁计算顶升力 F_D。

3 千斤顶活塞的最大行程不应小于1.25倍桥梁顶升设计高度。

4 与千斤顶配套的顶升控制系统应具有计算机同步顶升的控制功能，油压源的供油储量应满足顶升供油需要。与千斤顶配套连接的油管和分配阀不应有漏油现象。

5 千斤顶应配备自锁装置，防止发生意外。

条文说明

1~4 顶升设备的选用和配备要求，是从保证安全顶升角度出发确定的，这些规定主要由以往的工程实践经验总结得到。

5 顶升千斤顶配备自锁装置，主要是为了防止加载过程中发生故障而突然卸载，造成意外事故。

7.3 更换作业

7.3.1 顶升设备安装与调试应符合下列规定：

1 顶升千斤顶及临时支承安装时的上下接触面，应按设计文件中的安装位置进行调平处理。

2 应采用水平尺控制平整度，并按局部承压验算结果配置钢垫板尺寸及厚度。

3 应安装连接输油管与油压源，并通过顶升力控制系统进行调试，不得漏油。

7.3.2 支座反力转移时，支承设备选用和安装位置应符合本规范第6.2.13条的规定，满足着力安全要求。

7.3.3 桥梁顶升作业程序应符合下列规定：

1 预顶升，以顶升力分级控制为主，加至设计顶升力的20%左右，检验顶升加载系统和施工监控仪表是否进入工作状态，发现不正常时进行整改。

2 正式顶升，以顶升位移分级控制为主，缓慢施加顶升力直至梁体脱开支座，但最大高度不超过设计限值，将支座反力转移至临时支承设备上。

7.3.4 新支座更换作业应符合下列规定：

1 取出原支座，完成梁底调平楔形块及支座垫石修复加固或重做，然后更换安装新支座。

2 对于板式支座，按设计图区分板式橡胶支座和滑板橡胶支座位置后，直接安放在支座垫石顶面，并应设置上下钢垫板。滑板橡胶支座上方应配套规范要求的镜面不锈钢板；对于盆式支座及球型支座，按照设计图纸要求，将固定支座、单向和双向活动支座对号入座。

3 滑板橡胶支座的不锈钢板应与桥梁底面预埋钢板焊接固定或黏结固定，以防脱落移位。焊接使用的焊条应采用不锈钢焊条或焊丝，不得采用普通焊条。

4 盆式支座及球型支座安装时，临时锁定装置不得解除，安装结束后待修复材料达到设计强度且梁体复位后方可解除。

5 盆式支座和球型支座应选用Ⅱ型（公母型）配套锚固螺栓。

6 新支座安装应控制横向偏移理论支承轴线不大于5mm。

7 支座安装时，应根据现场实际环境温度进行支座预偏量设置。

条文说明

1 按修复加固设计图要求修复加固支座垫石或重新制作支座垫石，消除原有病害。

2 支座的安装位置及安装方向需根据功能要求按设计图对号入座。实际工程中，支座安装位置及方案错误的现象较为常见。

3 滑板橡胶支座的不锈钢板脱落较多，主要是焊接质量不到位，使用焊条不符合要求。

4 更换盆式支座、球型支座时，临时锁定装置不可解除，以防支座上座板出现转动倾斜。

5 新更换的盆式支座和球型支座按设计要求选择Ⅱ型，方便以后更换。

7 新支座安装需要考虑环境温度，设置预偏量。

7.3.5 梁体复位应符合下列规定：

1 梁体复位前检查调平楔形块底面高程、支座垫石顶面高程、平整度、水平度、支座中心位置等指标。

2 同步顶升主梁，逐步拆除临时支承，千斤顶分级回油缓慢回落，并控制梁体复位的同步性和支座整体高程偏差，将梁体落在新更换的支座上，使支座完全受力，千斤顶保持原位。

3 梁体复位后观察支座受力、梁底楔形块及支座垫石工作状态不少于24h，确认无异常后，撤离千斤顶和临时支承，清理施工垃圾。

条文说明

2 梁体复位与梁体顶升同样重要。梁体复位施工阶段主要控制梁体复位的同步性和更换前后的支座高程偏差，确保所有支座受力均匀正常。

3 确认支座全部受力后，按本条规定千斤顶保持原位，观察不少于24h。主要观察支座受力、调平楔形块和垫石的工作状态是否正常，确认正常后撤离千斤顶和临时支承。

7.4 施工监控

7.4.1 应按设计文件提供的监控测点布置图，布置监控仪表进行监控。

7.4.2 监控项目与测点布置应符合下列规定：
1 监控项目应包括顶升力、顶升高度、梁体控制截面应力（应变）和裂缝、梁体复位后的控制高程与原高程的偏差等。
2 重要监控部位应设置数据校验测点和监控仪表，通过监测数据对比，以校验监控数据的可靠性。

条文说明

监控测点布置图由设计文件提供。重要监控部位现场设置数据校验测点是为了校核监控测点数据的可靠性。

7.4.3 监控仪表的选择与技术条件应符合下列规定：
1 支座反力和顶升力监控用的传感器，其示值相对误差不大于2%，分辨率不低于0.1kN，满量程不小于20%设计顶升力。
2 监控位移传感器，其示值相对误差不大于1%，分辨率不低于0.01mm。
3 监控应力（应变）和裂缝的应变传感器，其标距不小于200mm，示值分辨率不低于1$\mu\varepsilon$。
4 多通道数据巡测设备优先选用电子传感器，以满足数字化、智能化监控设备配备要求。编制配套平台软件对数据进行智能采集、瞬时存储、实时显示和溯源回放。
5 所有传感器和仪表安装前全数计量标定。

条文说明

1~3 对监控仪表和传感器提出精度要求，是为了保障监控数据的准确性。
4 施工监控数据采集设备实施智能化，专门设计多通道数据采集器、配备计算机、编制专用监控软件，对所有监控项目和参数能具有瞬时自动跟踪监控、瞬时存储和实时显示、数据溯源和回放功能，如今已不难实现。本款规定是对桥梁顶升所有监控项目和监控参数，能自动跟踪实时监控，主要基于测点多，靠人工掌控全部监控数据的瞬时变化是不可能的，因此，要求智能化。
5 监控仪表和传感器要全数计量标定。不满足使用要求的仪表和传感器不能使用。

7.4.4 监控仪表和传感器应独立安装固定，不受施工作业干扰。轻微干扰仪表或传感器的示值波动，应不大于示值的1%。

条文说明

仪表安装时要求减少施工作业对监控数据的干扰。

7.4.5 施工监控操作应符合下列规定：

1 获取监控数据初始值。所有监控测点的监控仪表安装后应通过调试，正式确认顶升开始前的初始值并存储，作为监控的基准值。

2 支座反力转移监控。应主要监控支座反力转移后临时支承装置的变形、移位和梁体的着力安全。

3 梁体顶升过程监控。桥梁顶升过程中所有监控项目和监控参数，应通过监测仪表和数据采集设备，由计算机实时跟踪监控，直接显示测点位置和监控数据瞬时变化。控制顶升过程应处于安全状态。

4 梁体复位实时监控。应主要监控梁体复位的同步性和支座完全受力后的整体高程与原高程偏差。

条文说明

1 监控数据初始值是监控数据处理的基准点，要求准确获取并存储，作为全程监控数据增量变化对比的原始依据。

2 支座反力转移监控是为保证梁体支座反力转移至临时支承后的梁体着力安全。

3 通过实时监控可以直观监控各位置和监控数据的瞬时变化，及时发现问题。

4 梁体复位的同步性和梁体复位后的整体高程与原高程偏差，是梁体复位过程的重点监控内容，这也是保证支座更换质量的关键。

7.4.6 施工监控过程中的异常情况处置应按下列规定进行：

1 应根据支座更换设计方案中针对异常情况应急处置要求进行处理。

2 桥梁顶升过程中，发现监控数据突变或危及桥梁安全等异常情况时，应立即暂停顶升作业将梁体返回原位，待检查和排除异常情况后继续作业。

3 当梁体复位有较大偏差时，应立即停止复位，并重新将梁体顶起，检查纠正无误后，继续复位作业。

7.5 更换后的质量评定

7.5.1 应按现行《公路养护工程质量检验评定标准 第一册 土建工程》（JTG 5220）的规定，进行支座更换工程质量检验评定，并按缺陷责任期规定进行管理。质量评定依据应包括下列内容：

1 相关设计、施工规范和产品标准。
2 支座更换安装初始检查记录、交（竣）工验收报告和支座使用状况定期检测评定报告。
3 支座更换设计文件，以及设计变更文件。
4 历年支座维护与支座更换施工相关资料，以及监控资料等。
5 新更换支座进场质量验收报告和委托第三方检测报告、出厂产品质保书和产品质量合格证等。

条文说明

桥梁支座更换后的质量评定，不同于新建工程施工结束后的交（竣）工验收评定。更换工程存在技术改进和变更设计等消除病害的措施，要求专门评定。要按照《公路养护工程管理办法》（交公路发〔2018〕33号）的规定，进行养护工程验收。

7.5.2 支座更换后的质量评定项目应符合下列规定：

1 更换质量评定文件资料应齐全完整。
2 新更换支座安装位置、与理论支承线及支座垫石中心线偏差应符合更换设计要求。
3 板式橡胶支座、滑板橡胶支座、盆式支座、球型支座、支座垫石与调平楔形块等的质量评定应符合表7.5.2的规定。

表7.5.2 各类支座更换后的质量评定要求

支座类别	质量评定要求	
板式橡胶支座	不应有偏压、脱空、初始剪切变形和外鼓裂纹等现象存在	
	不锈钢板安装固定应符合现行《公路桥梁板式橡胶支座》（JT/T 4）和《公路桥涵施工技术规范》（JTG/T 3650）的要求，不应有脱落移位现象	
盆式支座	固定支座（GD），纵向（ZX）、横向（HX）和双向（SX）活动支座的更换安装位置与滑动方向应符合设计图纸和更换设计要求，不应有安装差错。安装后定位板应全部拆除	盆式支座和球型支座的底板与支座垫石的固定螺栓位置应正确。不应有弯曲和歪斜现象，安装应牢固、螺母应一次拧紧
球型支座	固定支座（GD）、单向（DX）和双向（SX）活动支座的更换安装位置与滑动方向应符合设计图纸和更换设计要求，不应有安装差错。安装后定位板应全部拆除；上座板应平整，不应有转角超标现象	
支座垫石	支座垫石修复加固后，不应有裂缝等缺陷，其修复加固尺寸、混凝土强度和安装平整度偏差应符合更换设计文件及相关规范要求	
调平楔形块	支座上方梁底调平楔形块平均厚度、表面平整度及水平度满足设计文件及相关规范要求	

4　支座更换结束后，墩台垃圾和废弃混凝土、施工废料应清除干净，注意保护环境。

条文说明

　　1　支座更换质量评定文件和依据按本规范第 7.5.1 条的规定，准备齐全。
　　2　新更换支座安装位置与理论支承线及支座垫石中心线偏差，要求在质量控制范围内，并满足设计要求。

7.5.3　更换质量评定方式和评定方法应符合下列规定：
　　1　支座更换质量评定，应全数检查评定。
　　2　质量评定应由管养单位牵头，以评定专家为主，更换施工单位参加，检测设计人员配合，配备专门记录人员。
　　3　质量评定记录与存档，应按本规范附录 D 记录，支座更换施工项目负责人、管养单位负责人和评定专家等签字后，存入养护档案。

条文说明

　　1　支座更换质量评定，不同于新建工程抽检评定，要求全数检查评定。
　　2　质量检查评定，要求以评定专家为主，配备检查检测和记录人员。

8 伸缩装置养护与维修

8.1 一般规定

8.1.1 伸缩装置位于桥面，养护检查应常态化，日常巡查制度化。

8.1.2 伸缩装置的养护应符合下列规定：
1 伸缩装置的表面应保持清洁、无尘土垃圾堆积和卡塞现象。
2 伸缩装置应平顺、无凹凸不平现象，处于良好工作状态。
3 锚固混凝土应无开裂破损现象。
4 伸缩装置应无渗漏水和积水现象，防水排水应处于完好工作状态。

8.2 伸缩装置清洁、保养

8.2.1 伸缩装置的清洁保养应符合下列规定：
1 伸缩装置的表面和缝隙垃圾尘土应每月清理一次。
2 伸缩装置的防水排水系统应每6个月检查保养一次，当发现老化开裂或存在渗漏水现象时，应及时维修或局部更换。

8.2.2 伸缩装置的钢组件，应每2年进行一次检查，发现锈蚀的应重新涂装防腐层。

8.3 伸缩装置维修

8.3.1 伸缩装置维修项目与要求应符合表8.3.1的规定。

表8.3.1 伸缩装置维修项目与要求

序号	伸缩装置类型	维修项目与要求
1	异型钢单缝伸缩装置	发现边梁钢变形、歪斜或断裂的应及时修复
2	模数式伸缩装置	中梁与支承横梁连接吊架螺栓、螺母松动、脱落，压紧支座和承压支座损坏较多，位移控制系统剪切弹簧吊架固定螺栓松动、缺损，压缩弹簧和剪切弹簧损坏率高。正常情况下3个月检查维护一次，损坏时及时维修更换
		中梁断裂未断开的，发现即应及时修复补焊。支承横梁每年检修一次

续表 8.3.1

序号	伸缩装置类型	维修项目与要求
3	梳齿板伸缩装置	固定螺栓，螺母松动、脱落的逐个拧紧，齿板卡齿逐个维修；支承转轴或转动控制座转动不灵活的，正常情况下每半年维护保养一次，支承托架每年检修一次，减少功能失效现象发生

条文说明

表 8.3.1 中所列维修项目，损坏率高，对整体功能影响大。尤其零部件过早损坏的较多，通过维修更换可恢复整体功能，继续使用，在工程实践中已得到验证。

8.3.2 伸缩装置主要受力构件的缺损维修应符合下列规定：

1 模数式伸缩装置中梁对接焊缝局部脱焊或断裂，应采用补焊对接修复。

2 模数式伸缩装置支承横梁脱落和梳齿板伸缩装置支承托架脱落，应根据脱落成因，分别采用补焊或局部更换进行修复。

8.3.3 模数式伸缩装置零部件更换应符合下列规定：

1 承压支座和压紧支座更换应逐个松开固定吊架螺栓，逐个更换，若固定吊架缺损，应连同吊架一起更换。更换安装应严格控制吊架预紧力。更换后的承压支座和压紧支座压缩变形不应超过限值，但也不应过松而导致移位或脱落。

2 位移控制弹簧的更换，应逐个松开固定位移控制弹簧的吊架螺栓，逐个更换，并应严格控制作业中的预紧力。更换后的位移弹簧不应有外鼓和初始剪切变形现象。

条文说明

1 承压支座和压紧支座位于支承横梁上下部位，采用吊架方式将中梁与支承横梁连接在一起，更换承压支座和压紧支座首先松开吊架螺栓才能取出，然后逐个更换。

安装承压支座和压紧支座的预紧力与支座竖向刚度相关，一般控制在 3~6kN。根据对模数式伸缩装置有限元模型分析，吊架预紧力也可以按式（8-1）通过理论计算确定，但承压支座和压紧支座的竖向刚度取值要通过试验测定。

$$P_i = \frac{k_1 \cdot k_2}{k_1 + k_2} \Delta x_i \tag{8-1}$$

式中：P_i——预紧力（kN）；

k_1、k_2——承压支座和压紧支座的竖向刚度（需通过试验检测获得）；

Δx_i——压紧支座的预压变形量（mm），一般设定为 3~4mm（视竖向刚度大小而定）。

8.3.4 梳齿板伸缩装置零部件维修更换应符合下列规定：

1 梳齿板固定螺栓和螺母松动、脱落，应结合日常巡查或例行检查，及时进行维护修复。对松动的螺母应及时拧紧，对脱落的螺母应进行补全。

2 支承转轴和转动控制座的锈蚀和脱落等，应按单元或分段更换，更换后支承转轴和转动控制座应转动灵活。

条文说明

1 固定螺栓和螺母松动、脱落，导致齿板脱落是缺损发生最多的现象。

2 调查发现，支座转轴损坏很多，主要是密封防水不到位，渗漏水和积水严重，导致锈蚀和转动不灵活，而引起伸缩装置整体功能失效。

8.3.5 伸缩装置零部件更换安装前，应进行合格性检验，并应符合下列规定：

1 模数式伸缩装置中弹性元件的质量控制技术指标和产品质量均匀性应通过产品抽样检测，并控制在±20%允许误差范围内，质量控制技术指标及检测方法可按本规范附录 E 执行。

2 梳齿板的固定螺栓和螺母应按现行《钢结构用高强度大六角头螺栓、大六角螺母、垫圈技术条件》（GB/T 1231）、《钢结构用高强度大六角头螺栓》（GB/T 1228）和《钢结构用高强度大六角螺母》（GB/T 1229）等规定的方法进行。

3 经检验合格后的弹性元件和零部件，方可组装使用。

条文说明

1、2 调查发现，模数式伸缩装置中承压弹性元件和位移控制弹性元件、梳齿板伸缩装置中齿板固定螺栓和螺母等零部件，存在使用寿命短、损坏率高等问题，其主要原因是产品生产工艺落后所致，国内厂家要提高生产技术水平。

3 组装前要进行零部件合格性检验，不合格的禁用，是为了防止过早损坏而规定的。

多年来，对零部件功能作用的重要性认识不足，《公路桥梁伸缩装置》（JT/T 327—1997）、《公路桥梁伸缩装置》（JT/T 327—2004）和《公路桥梁伸缩装置通用技术条件》（JT/T 327—2016）等产品标准都缺少对弹性元件和固定螺栓、螺母等的质量监控技术指标和检测方法的规定。

8.3.6 每次维修或更换零部件后，应按本规范附录 F 完整记录，并签字存档。

9 伸缩装置更换前的检查、检测与评定

9.1 一般规定

9.1.1 基础资料的搜集和调查应包括下列内容：
1 原设计图纸，包括设计变更，伸缩装置规格型号。
2 伸缩装置生产厂家，质量合格证，出厂检验报告等。
3 交工验收记录，初始安装技术状态检查记录。
4 历次检测及技术状况评定报告。
5 历次养护维修记录。
6 日常车流量及超限车辆过桥情况调查。

9.1.2 伸缩装置的检查、检测与评定应符合下列规定：
1 表面清洁度、垃圾尘土卡塞、防水密封等检查评定。
2 工作状况检查（缺损检查）评定。
3 功能失效检查评定。
4 适应性检查评定。

9.1.3 伸缩装置确定更换前，应以桥梁管养单位提供的定期检查报告为基础，对桥梁伸缩装置的安装连接部位及缺损状况进行补充调查和补充检测。

9.2 更换前的检查与检测

9.2.1 清洁度检查应符合下列规定：
1 伸缩装置无垃圾尘土堆积和卡塞。
2 伸缩装置无渗漏水和积水现象。

条文说明

伸缩装置的清洁度检查要求：保持清洁状况良好，无垃圾尘土堆积和卡塞；排水通畅，防止渗漏水和积水引起钢组件锈蚀。

9.2.2 伸缩装置工作状况检查项目、检查范围和检测要求应符合下列规定：

1 常用伸缩装置工作状况定期检查流程，应按图9.2.2进行。

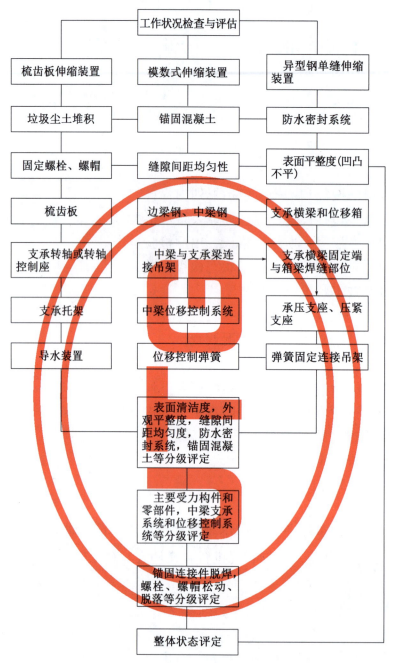

图9.2.2 检查与检测工作流程图

2 工作状况定期检查项目、检查范围和检查要求，应符合表9.2.2的规定。

表9.2.2 伸缩装置工作状况定期检查项目、检查范围和检查要求

名称	检查项目	安装初始状态检查要求	检查范围与检查内容	定量检测项目
各类伸缩装置	清洁度	清洁	垃圾尘土堆积、卡塞	堆积、卡塞范围
	锚固混凝土	少量裂纹	开裂、破损	开裂程度
	橡胶密封带	完好	老化、开裂、破损	缺损程度

续表 9.2.2

名称	检查项目	安装初始状态检查要求	检查范围与检查内容	定量检测项目
异型钢单缝伸缩装置	单缝间隙	均匀	不均匀	不均匀程度
	边梁钢状态	平整度、边梁与路面铺装层状态	边梁高低不平、边梁与路面铺装层脱开	凹凸程度、脱开程度
模数式伸缩装置	中梁平顺度（左右侧向弯曲）	侧向弯曲在允许误差范围内	中梁侧向弯曲大于允许误差范围	侧向弯曲程度、断裂移位程度
		中梁安装无明显缺陷	中梁对接缝断裂，移位	
	中梁平整度（凹凸不平）	中梁平整度在允许范围内	支承横梁变形、中梁凹凸不平，挠度大于允许范围	凹凸不平程度
		弹性元件压缩变形在允许范围内	承压支座、压紧支座超压变形或移位	缺损数量
		吊架完好	固定吊架松动、脱落	
	中梁间隙均匀度	基本完好，中梁间隙在允许范围内	中梁间隙过大或过小，大于允许范围；压缩弹簧脱落，剪切弹簧损坏，剪切弹簧固定吊架缺损或脱落机械铰链位移控制系统锈蚀，支承斜梁脱落移位	弹性元件和零部件的缺损程度和数量
	固定螺栓、螺母	基本完好	固定螺栓弯曲、松动，螺母脱落	零部件的缺损数量
梳齿板伸缩装置	梳齿板	平整度、齿板间隙在允许范围内	齿板翘起、卡齿、断裂、表面凹凸不平、齿板间隙不均匀、齿板脱落	缺损程度和数量
	支承转轴和转动控制座	基本完好	支承转轴锈蚀、松动、脱落，转动控制座锈蚀	缺损范围
	支承托架	完好	支承托架脱焊，连接件缺损	缺损程度
	导水管	完好	导水管老化开裂，漏水	缺损程度

条文说明

1 本条结合伸缩装置的不同构造特点进行规定，便于操作，防止漏检。
2 表 9.2.2 所列检查项目、检查范围和检查要求，是依据现行产品标准规定的产品质量技术要求和现行设计、施工规范规定的设计、施工、安装技术要求,并结合现行《公路桥涵养护规范》(JTG 5120)规定的检查方式和检查要求规定的。

9.2.3 伸缩装置功能失效状况检查和检测应包括下列内容:
1 锚固混凝土破损范围和破损程度,表面清洁度(垃圾尘土卡塞)。
2 主要受力构件断裂,支撑横梁和支撑托架脱落情况。
3 零部件损坏数量(包括弹性元件)过多。
4 防水排水失效、渗漏水、钢组件锈蚀情况。

9.2.4 伸缩装置的适应性检查应包括下列内容:
1 原伸缩装置选用规格型号与实际桥梁结构和路面厚度不符。
2 原设计伸缩量与桥梁实际伸缩量不符。

9.2.5 伸缩装置的检查、检测与评定应按本规范附录 G 进行记录,并签字存档。

9.3 更换前的评定

9.3.1 评定应按伸缩装置工作状况缺损等级、功能失效状况和功能适应性等三方面进行评定。

9.3.2 伸缩装置工作状况评定应符合下列规定:
1 伸缩装置锚固区混凝土、清洁度、防水排水系统等缺损状况定期检查与等级评定标准应满足表 9.3.2-1 的要求。
2 伸缩装置的工作状况应按定期检查结果进行定性、定量分级评定,详见表 9.3.2-2~表 9.3.2-4。

表 9.3.2-1 锚固区混凝土、清洁度、防水排水等工作状况定期检查缺损等级评定标准

评估等级	定性特征描述		定量描述
	缺损类别	缺损特征	
1	锚固混凝土缺损	锚固混凝土轻度开裂[交(竣)工时就有]	裂缝宽度<0.5mm,间距>1 000mm
2		通车后锚固混凝土裂缝增多	裂缝长度<200mm,间距≤1 000mm
3		锚固混凝土开裂范围较大、裂缝间距小	裂缝宽度>1mm,裂缝间距≤500mm
4		混凝土破损范围较大	破损范围>30%,裂缝间距≤500mm
1	清洁度	基本清洁	—
2		垃圾尘土局部有,范围不大	10%<范围≤30%
3		垃圾尘土较多,范围较大	30%<范围≤50%
4		垃圾尘土过多,已固结,范围大,清理困难,已影响伸缩位移	范围>50%,尘土已固结,间隙被卡塞

续表 9.3.2-1

评估等级	定性特征描述		定量描述
	缺损类别	缺损特征	
1	橡胶密封带、导水管缺损	完好	—
2		轻度老化，局部开裂	开裂范围≤10%
3		开裂范围较大，局部撕裂	10%＜开裂范围≤50%
4		破损范围很大，漏水	破损范围＞50%

表 9.3.2-2　异型钢单缝伸缩装置工作状况定期检查缺损等级评定标准

评估等级	定性特征描述		定量描述
	缺损类别	缺损特征	
1	单缝间隙均匀性与高差	间隙均匀性在控制范围内	—
2		型钢间隙过小或过大，不满足设计允许值	10mm＜间隙≤80mm，边梁两侧高差＜1.5mm
3		间隙通长方向一端大、一端小；边梁与铺装层之间出现通长裂缝	80mm＜间隙＜10mm，通长裂缝大于全长的50%
4		缝的间隙大于或小于允许值；边梁凹凸不平，出现断裂；边梁与桥面或路面裂缝出现通长开裂，大于允许值	80mm＜间隙=0，边梁两侧高差≥1.5mm，边梁断裂，与桥面裂缝长度大于通长方向30%

表 9.3.2-3　模数式伸缩装置工作状况定期检查缺损等级评定标准

评估等级	定性特征描述		定量描述
	缺损类别	缺损特征	
1	中梁平顺度（中梁侧向弯曲）	中梁平顺度满足产品标准要求	—
2		中梁侧向弯曲变形，在允许误差范围内	中梁侧向弯曲变形允许值≤5mm/10m
3		中梁侧向弯曲明显，对接焊缝不规范，焊缝脱焊	中梁侧向弯曲度＞5mm/10m（允许值）；中梁对接焊缝脱焊，断裂未断开
4		中梁对接焊缝断开，侧向弯曲	中梁断裂错位或掉落
1	中梁平整度（中梁凹凸不平）	外观平整	—
2		中梁出现凹凸不平，支承系统承压支座和压紧支座压缩变形不均匀	凹凸不平高差＜1.0mm
3		支承系统承压支座和压紧支座承压变形不均匀，过大或过小，产品质量一致性较差，支承横梁固定吊架松动等导致中梁凹凸不平	承压支座和压紧支座压缩变形均匀性差，沿单根中梁或支承横梁缺损数量不超过2个，中梁凹凸不平高差≤1.5mm（标准允许值），支承横梁吊架缺损不超过1个
4		中梁严重凹凸不平；支承系统承压支座和压紧支座压坏较多，支承横梁固定吊架松动、脱落，支承横梁固定端焊接脱落或支承横梁变形	沿单根中梁承压支座和压紧支座缺损数量超过2个，支承吊架脱落数超过1个，中梁凹凸不平高差＞1.5mm（跳车）

续表 9.3.2-3

评估等级	定性特征描述		定量描述
	缺损类别	缺损特征	
1	中梁间隙均匀度（中梁间隙过大或过小）	中梁间隙基本均匀，在允许范围内	—
2		中梁间隙拉开距离过大或过小，压缩弹簧或剪切弹簧产品质量低劣，变形不均匀的较多，机械链杆伸缩功能不灵活	压缩弹簧和剪切弹簧刚度变形不均匀，沿单根中梁缺损数量≤2个，剪切弹簧剪切角<35°，固定吊架松动不超过10%，中梁间隙<10mm或≥80mm，压缩弹簧压缩值>设计值的20%；机械链杆缺损数量≤2个
3		压缩弹簧或剪切弹簧产品缺损较多，变形不均匀，机械链杆缺损，对伸缩功能影响较严重	沿单根中梁剪切弹簧缺损数量>2个，中梁间隙≥80mm，剪切弹簧剪切角≥35°；固定吊架损坏<2个；机械链杆缺损数量>2个
4		压缩弹簧、剪切弹簧和机械链杆多处缺损、损坏。支承斜梁固定吊架脱落，中梁间隙过大或过小	缺损数量≥20%，35°≤剪切角<45°，剪切弹簧固定吊架缺损≥2个，机械链杆损坏数量>50%，中梁间隙>80mm，支承斜梁吊架脱落≥1个

表 9.3.2-4 梳齿板伸缩装置工作状况定期检查缺损等级评定标准

评估等级	定性特征描述		定量描述
	缺损类别	缺损特征	
1	锚固螺栓、螺母松动、脱落	螺母少数未拧紧，在允许范围内	—
2		锚固螺栓歪斜或松动，螺母少量脱落、缺失	对整体式：数量≤总数量的5%；对单元式：每单元≤2个
3		多处螺栓弯曲松动、锈蚀，螺母脱落较多	对整体式：总数量的5%≤数量≤总数量的20%；对单元式：每单元>2个
4		螺栓严重锈蚀、弯曲变形和损坏，螺母脱落过多，梳齿板脱落范围过大	对整体式：螺栓、螺母失效数量>总数量的30%；对单元式：螺母全部脱落，齿板脱落
1	梳齿板缺损	梳齿板基本平整，局部卡齿	个别齿板卡齿，基本完好
2		梳齿板局部凹凸不平，齿板缝隙不均匀，过大或过小	齿板凹凸不平高差≤1.0mm，0.5mm<齿板间隙<20mm
3		梳齿板卡齿或翘起，凹凸不平较明显，齿板脱落较多	梳齿板卡齿或翘起≥2处，齿板凹凸不平高差<1.5mm，齿板脱落范围≤2m
4		梳齿板多处严重卡齿，齿板出现断裂或脱落，不平整高差过大	多处卡齿，齿板出现断裂脱落范围>2m，凹凸不平高差≥1.5mm（允许值）

续表9.3.2-4

评估等级	定性特征描述		定量描述
	缺损类别	缺损特征	
1	齿板转轴和转动控制座缺损	正常状态	—
2		转动控制座松动、转轴出现锈蚀，活动齿板转动不灵活	对单元式：≤1个单元；对整体式：≤1m长度范围
3		转轴和转动控制座锈蚀松动，影响齿板转动伸缩，齿板转轴锈蚀较严重	对单元式：≤2个单元；对整体式：1m长度范围＜范围≤2m长度范围
4		齿板转轴和转动控制座严重锈蚀，齿板转轴转动失灵	对单元式：≥2个单元；对整体式：＞20%桥面宽度范围
1	支承托架缺损	完好状态	—
2		轻度锈蚀	不影响使用
3		支承托架局部脱焊、局部松动	对单元式：≤1个单元；对整体式：≤2m长度范围
4		支承托架锈蚀、脱焊、松动、脱落（安装缺陷）	对单元式：＞1个单元；对整体式：＞2m长度范围

条文说明

表9.3.2-1：

（1）本表的检查、检测评定项目是各类伸缩装置共性的缺损项目，为避免重复而单列。

（2）锚固混凝土开裂、破损较多，开放交通之前养护时间不足，强度等级未达到设计要求。

（3）表面清洁度存在垃圾尘土堆积和卡塞现象较多，日常清理不及时，长期积存导致卡塞。

（4）防水排水密封件和排水管容易老化、开裂，引起渗漏水和积水，导致钢组件锈蚀。

表9.3.2-3：

（1）中梁及支承横梁等主要受力构件断裂、损坏日趋增多，其中重要的原因是未按产品标准规定选材，轧制和焊接工艺落后，应力损失较多，多数是疲劳断裂。

（2）弹性元件、机械链杆等产品标准中缺失质量技术控制指标要求，提前损坏的较多。

表9.3.2-4：

梳齿板伸缩装置最易出现缺损的部位：一是固定螺栓、螺母松动、脱落，导致齿板脱落；二是防水排水存在问题多、破损较多，导致渗漏水和积水严重，引起钢组件锈蚀。

9.3.3 伸缩装置整体功能失效状况评定根据伸缩装置工作状态定期检查项目，按表9.3.2-1～表9.3.2-4中缺损等级评定为4级的，表9.3.3所列达到或超过其中1项时，应评定为整体功能失效。

表9.3.3 伸缩装置整体功能失效条件

类别	功能要求	功能失效条件达到或超过其中一项
表面清洁度、锚固系统、防水系统	清洁度、无垃圾尘土、锚固良好、密封防水良好	锚固混凝土开裂破损状态4级，橡胶密封带、导水管等老化开裂破损状态4级，垃圾尘土堆积和卡塞状态4级
异型钢单缝伸缩装置	伸缩功能良好	边梁与桥面铺装层接缝开裂状态4级，间隙大于80mm或等于0，达到4级
模数式伸缩装置	承载、伸缩功能良好	中梁断裂、支承横梁脱落等主要受力构件损坏达到4级，零部件（弹性元件、机械铰链、防水密封件等）损坏状态达到4级
梳齿板伸缩装置	承载、伸缩功能良好	固定螺栓、螺母松动、脱落和梳齿板脱落范围状态4级，转动控制座、转轴严重锈蚀状态4级，支承托架脱落、梳齿板断裂、卡齿状态达到4级

9.3.4 更换前的伸缩装置适应性评定应符合下列规定：

1 当复核原设计伸缩量与实际梁体结构伸缩量不符、过大或过小，即不适应时，应变更规格型号。

2 当原设计伸缩装置的构造埋置深度尺寸与实际梁体结构的桥面、路面厚度不匹配，即不适应时，应变更规格型号。

条文说明

1 实际工程中发现模数式伸缩装置中梁间隙过小或挤压在一起，说明实际结构原设计伸缩量过大；反之，中梁间隙拉开过大，大于80mm以上，说明实际结构原设计伸缩量过小。更换时需按复核计算伸缩量变更原伸缩装置规格型号，以适应实际结构的伸缩变形。

2 对于预制装配式结构桥梁，由于空心板的高度、T梁的上翼缘板厚度和小箱梁的顶板厚度等存在较大差异，当设计选用的伸缩装置埋置深度与不同构件桥面厚度不匹配而发生损坏时，要求按损坏成因变更适应不同构件桥面厚度的伸缩装置。

10 伸缩装置更换设计

10.1 一般规定

10.1.1 伸缩装置更换设计应包括下列内容：
1 更换方案初步设计。
2 原伸缩装置拆除与槽口修复方案设计。
3 更换伸缩装置的伸缩量复核计算。

10.1.2 伸缩装置更换方案初步设计应根据原伸缩装置类型、规格型号和交通流量，确定整体更换、分段更换或按单元更换。

10.1.3 新更换伸缩装置的选用，宜与原伸缩装置的规格型号相同。若原伸缩装置规格型号适应性经评定已不适用，应变更伸缩装置规格型号。

10.2 更换方案设计

10.2.1 伸缩装置更换方案设计应搜集下列资料：
1 桥梁原设计安装图纸。
2 桥梁管养单位提供的定期检查报告。
3 更换前复查和补充检测报告及伸缩装置更换必要性评估意见。
4 运营期间历年维修养护资料。
5 相关产品标准和现行《公路钢筋混凝土与预应力混凝土桥涵设计规范》（JTG 3362）及《公路桥涵施工技术规范》（JTG/T 3650）等标准。

10.2.2 原伸缩装置的拆除修复方案设计应符合下列规定：
1 应根据不同类型伸缩装置的构造特点制定拆除方案，并确定拆除先后顺序。
2 拆除后需要修复的，应有加固修复设计方案。
3 应现场实测槽口深度和上下口宽度。当实测尺寸与原设计尺寸有较大偏差时，应按实测尺寸设计更换，并应复核实际桥梁的伸缩量。
4 伸缩装置锚固连接部位的锚固筋应进行整体修复，并增设防裂钢筋网。
5 梁端损坏应根据损坏性质和损坏程度进行修复设计。

条文说明

1 根据伸缩装置的构造特点，规范拆除。按照拆除方案要求来确定拆除先后顺序，避免或尽量减少拆除施工对梁端造成的损伤。

2 原损坏伸缩装置拆除后，按加固修复方案进行整体修复，包括锚固筋。

3 根据拆除后的实测槽口深度和上下口宽度复核实际梁体结构的伸缩量。

4 伸缩装置的锚固混凝土开裂现象普遍，除了修复原锚固筋，要求增设防裂钢筋网。

5 当拆除作业损坏梁端时，需要按损坏程度出具修复加固图。

10.2.3 选用新更换伸缩装置型号时，应复核计算实际梁体结构的伸缩量，并应符合下列规定：

1 更换前应实测伸缩装置的安装槽口变化量和梁端支座滑移量，确认更换前实际梁体结构伸缩量变化值。实测时应考虑所在地区温差变化引起的最大伸长量和缩短量的影响。

2 应按现行《公路钢筋混凝土及预应力混凝土桥涵设计规范》（JTG 3362）的规定复核计算原伸缩装置的伸缩量，并与实测伸缩量对比，确定损坏成因。

3 由温度引起的伸缩量复核计算应符合下列规定：

1) 所在地区温差变化最大值取值应根据当地气象记录和相关规范要求确定。

2) 应按实际桥梁结构所应用材料的线膨胀系数取值计算。

3) 桥梁结构温度有效跨长的确定原则：对于多跨连续梁桥应为固定支座到活动端梁端的距离，对于先简支后连续梁桥应为全联跨中心到梁端的距离。

4 更换前对实际梁体结构允许伸缩量进行复核计算时，应考虑通车后发生的变化，并符合下列规定：

1) 对于投入运营3年以上的桥梁，其混凝土结构的收缩、徐变对伸缩量的影响可忽略。

2) 由制动力引起的伸缩量变化，应计入支座的滑移量影响，还应考虑运营几年后板式橡胶支座的抗压和抗剪弹性模量增大而剪切变形减小的影响，实际桥梁支座除板式橡胶支座外，还有盆式支座，且实际结构的梁端均为滑板支座，制动力发生时以滑动为主，剪切变形很小。

3) 大跨径桥梁应计入通车后车辆活荷载作用下梁体挠度导致的梁体结构伸缩量，中小跨径桥梁可忽略。

4) 应核对原伸缩装置选用时设计伸缩量的增大系数 β 取值，这与桥梁所处区域是否属于地震和台风多发地有关，若没有，应取为1或减小增大系数取值。

5) 弯、坡、斜桥应核算梁体平面转动对伸缩量的影响，并预留相应的开口角度和相应的伸缩量。

5 桥梁伸缩量复核简化计算，也可按每100m桥梁有效长度的伸缩量取值为90~100mm进行估算，对于地震、台风多发地区可适当放大10%~20%，并可与本条第1

款~第3款的计算结果进行对比。

条文说明

1　实测更换伸缩装置的原安装槽口变化尺寸，需结合梁端滑板支座的滑移量实测值，综合确定实际梁体结构运营后的实际伸缩量变化值。实测操作中可以根据支座的滑移轨迹测量最大伸缩量。

2　规定按设计规范复核计算原伸缩装置安装后的伸缩量取值，是为了与实际梁体结构实测伸缩量进行对比，分析安装槽口增大或减小的原因。

3　由温度引起的伸缩量复核计算，一是桥梁结构材料的线膨胀系数取值，二是桥梁结构的温度有效跨长取值，不能搞错。

4　按实际梁体结构允许伸缩量的复核结果选用更换伸缩装置型号时，需考虑运营后与原设计伸缩量计算的实际差异：

（1）运营几年后梁体结构混凝土的收缩、徐变已完成，不再考虑因此而引起的伸缩量变化，故可以忽略。

（2）制动力对伸缩量的影响。现有规范规定这是由板式橡胶支座剪切变形引起的，实际并非如此。简支梁的梁端一端固定、一端滑动，连续梁除了中间跨是固定支座，两端及其大部分支座均为滑动支座。伸缩装置均安放在滑动端。制动力作用时，梁端支座以滑动为主，剪切变形很小，对伸缩量影响有限。大部分预制装配式结构桥梁采用的都是厚度在40mm以下的板式橡胶支座，本身剪切变形也很小。而且经过几年运营，板式橡胶支座逐渐老化，其抗压和抗剪弹性模量均有增大，剪切变形会减小，由制动力引起的伸缩量变化有限。

（3）大跨径桥梁活荷载作用下梁体挠度引起的梁端伸缩量较大，可以通过计算取得。但活荷载取值要求以通车后最高日通行量，包括大型重载卡车流量的统计值进行计算。根据调查，通车后的很多路段，特别是沿海经济发达地区交通流量和大型重载卡车通行量成倍增加，而且有增无减；活荷载增加，导致梁体挠度增大所引起的梁体伸缩量增大，每天都在发生，这对大跨桥梁影响较大，对中小跨径桥梁的影响很小，可以忽略。

（4）按梁体伸缩量选用伸缩装置型号，现行规范引入了增大系数β，取值1.2~1.4。主要考虑影响伸缩量的其他因素，如地震作用和台风作用等。根据调查，在长江中下游的多座大桥和沿海地区的跨海大桥，所选用的伸缩装置型号与实际梁体结构的伸缩量统计分析偏差较大，伸缩量取值比较混乱。出现这种情况的原因：一是实际梁体结构温度有效跨长取值导致伸缩量计算有误；二是制动力对伸缩量的影响偏大；三是通车后活荷载成倍增加，引起挠度增大，这对梁端伸缩量产生的影响被低估；四是增大系数β取值过大。地震、台风不是所有地方都会发生，计算值要视地区而定。

5　实际梁体结构伸缩量的简化计算。根据山西省交科院1998年对梁体结构伸缩量计算取值的立项研究，通过大量调研和计算分析得到的研究结果表明，我国桥梁的伸缩量取值可简化计算为每100m有效桥长的伸缩量为90~100mm。对地震和台风多发地区可以适当放宽10%～20%。通过对国内外文献的查询对比发现，日本简化计算为每100m桥长取100mm，美国取104mm，基本都差不多。同时，通过对国内多座大型桥梁的伸缩量计算验证表明，这个简化计算取值是可行的。

10.2.4 新更换伸缩装置适应性选用时，应根据桥梁类型和结构形式、原伸缩装置结构形式、埋置深度、伸缩量变化、公路等级和交通量增加，以及原伸缩装置损坏成因等适应性因素综合考虑，并应符合下列规定：

1 多孔（多跨）拱桥应区别于装配式梁板结构桥，伸缩量较小，可不设伸缩装置或预留宽20～30mm伸缩缝隙即可，并宜选用填塞型隐型伸缩装置。

2 装配式桥梁结构主梁上翼缘厚度尺寸小，一般原伸缩装置埋置在铺装层内，宜选用隐埋或埋置深度较小的伸缩装置。

3 一般中小跨径桥梁伸缩量在60mm以内，更换时不得破坏梁（板）端部结构，宜选用梳齿板或隐埋式伸缩装置。

4 设计伸缩量在80mm以内，更换时不得破坏梁（板）端部结构，可不考虑原伸缩装置的结构形式，宜选用异型钢单缝或梳齿板伸缩装置。

5 为适应曲率变化，曲线桥宜选用单元式梳齿板伸缩装置。

6 设计伸缩量在80～300mm的装配式连续梁板结构或现浇预应力混凝土连续箱梁桥（一般为大中型桥梁），更换时应复核原设计伸缩量存在的问题，并宜选用单元式梳齿板或模数式伸缩装置。

7 设计伸缩量大于300mm的桥梁（一般为大跨度桥梁），主梁为钢箱梁或钢桁架结构桥梁，宜选用大位移模数式伸缩装置或单元式梳齿板伸缩装置。

条文说明

新更换伸缩装置的适应性选用，与原伸缩装置损坏因素有关，原伸缩装置与桥型不适应，本条所述技术条件是伸缩装置适应性选用的主要依据。

10.2.5 模数式伸缩装置更换设计，应符合下列规定：

1 模数式伸缩装置（包括异型钢单缝）的锚固筋宜采用锚固效果更好的梯形，不宜采用矩形。

2 对两端设有位移箱，伸缩量为160～320mm的模数式伸缩装置更换设计时，中梁支承横梁两端支承形式应一端为约束铰接支承或设置限位装置，另一端为自由滑动支承。

3 新更换模数式伸缩装置的中梁位移控制方法选择设计，应在常用4种控制方法中选用控制效果好的。对于新研发产品，应具有产品鉴定证书。

4 大位移模数式伸缩装置更换设计时，若支承横梁采用斜梁支承体系控制中梁位移，其位移箱设置应与斜梁设计角度相同。当采用剪切弹簧控制中梁位移时，中梁下面应设置尼龙拉伸带缓冲位移作用。

5 当不能中断交通时,模数式伸缩装置应分段更换、分车道进行施工图设计,对边梁钢、中梁钢分段按错位尺寸和错位位置应有分段错位连接尺寸设计施工图(图10.2.5)。应按设计图在工厂分段制作,现场直接安装对接。焊缝应作退火热处理,降低焊接应力影响。

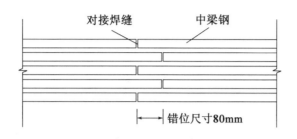

图10.2.5 模数式伸缩装置分段错位连接尺寸

条文说明

1 锚固筋采用梯形[图10-1a)]是国外经过理论研究和试验验证后得出的,锚固筋受力传力是合理的[图10-1b)]。当路面埋置深度不足,锚固筋采用矩形[图10-1c)]时,锚固筋受力传力是不合理的[图10-1d)],锚固筋无明显作用,锚固混凝土容易开裂。

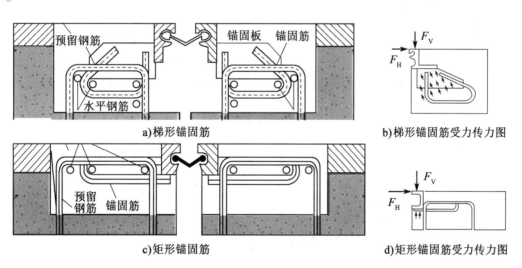

图10-1 模数式伸缩装置异型钢单缝锚固筋断面示意图

2 调研发现,伸缩量为160~320mm的模数式伸缩装置,其支承横梁两端均设有位移箱,支座横梁两端均为自由滑动支承,很不规范。两端均可伸缩位移,导致中梁出现S形双侧向变形或中梁间隙拉开过大。

建议:一端设置约束铰支承或增加限位装置,也可以参考国外其他标准做法(图10-2),一端采用限位弹簧。

3 模数式伸缩装置控制中梁均匀位移有4种方法,其中压缩弹簧控制和机械链杆方法效果不好,损坏较多。所以当下剪切弹簧和斜梁支承两种方法应用较多。

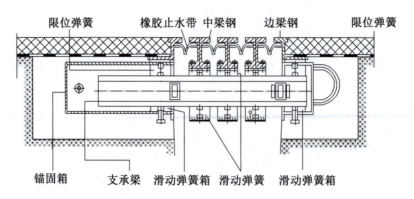

图 10-2 国外 160~320mm 多缝伸缩装置支承横梁安装图

4 当大位移模数式伸缩装置更换时，若中梁位移控制采用支承斜梁结构，其固定端位移箱角度要求与斜梁角度一致，防止纵向位移时受阻。工程实践中已发现角度不一致导致的损坏，更换时要予以纠正。

当中梁采用剪切弹簧控制位移时，由于中梁不同位置的刚度不等，固定端小，自由端大，导致靠近固定端中梁位移间隙大，自由端位移变化小，如图 10-3 所示，这是设计存在的问题，建议更换时增设阻尼限位措施，通过工程验证，效果明显。

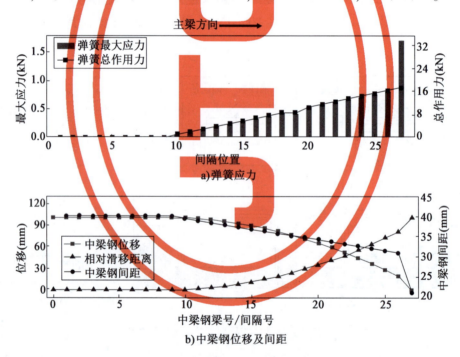

图 10-3 某跨江大桥主桥 LR-27 大位移伸缩装置中梁位移和受力实测分布图

5 分段更换设计时，中梁分段对接错位尺寸和位置要求绘制设计施工图，如图 10.2.5 所示，按设计图规范制作，运到现场直接安装。对接焊缝要求作退火热处理，降低焊接应力影响。

10.2.6 梳齿板伸缩装置更换设计应依据缺损成因进行，并符合下列规定：
1 宜选用单元式梳齿板伸缩装置，方便维修更换。

2 锚固螺栓、螺母选用，应加强锚固埋设位置和防松动、脱落设计。

3 防水排水设计和防水材料选择，尤其是转轴和转动控制座位置的密封防水，不得渗漏水或积水。

4 梳齿板材料选择、转轴和转动控制座尺寸应符合产品标准规定。

条文说明

1 优先选用单元式梳齿板伸缩装置，更换安装方便，后续按单元维修更换也方便。

2 梳齿板伸缩装置锚固螺栓和螺母容易松动、脱落，进而导致齿板脱落。

3 防水排水缺陷，引起渗漏水而导致转轴和转动控制座锈蚀，转动功能失效，选用优质产品是必要的。

4 梳齿板变形、断裂时有发生，调研发现，其选材和安装都存在缺陷。

10.2.7 伸缩装置锚固区材料选用，应满足抗裂要求，宜选用早强、抗裂性能好的混凝土材料。

10.3 施工安全及交通管控设计

10.3.1 施工安全和交通管控设计应符合下列规定：

1 当封闭交通施工时，应设置"前方施工，请绕道行驶"警示牌，应有绕道路线设计图，并按现行《公路养护安全作业规程》（JTG H30）执行。

2 当不封闭交通分段施工时，应有"限速、限行"和"车辆分流行驶方向"标志，限行主要针对大型重载运输车辆。

11 伸缩装置更换施工

11.1 一般规定

11.1.1 伸缩装置的更换施工作业流程可按图 11.1.1 实施。

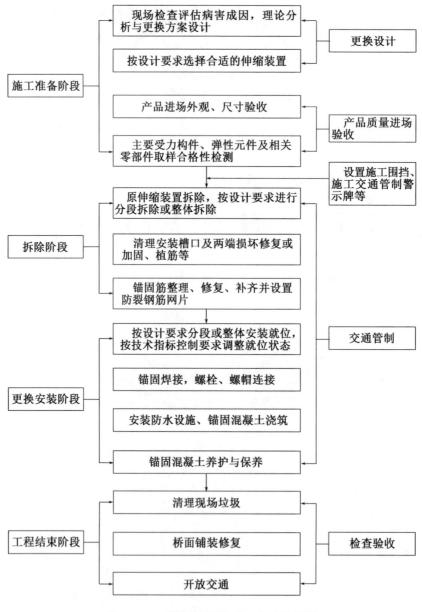

图 11.1.1 伸缩装置更换施工作业流程图

11.1.2 施工单位应根据更换设计文件编制施工组织设计。其中，施工方案部分应包括原伸缩装置拆除、安装槽口修复加固和锚固筋整理修复方案、缺损成因的改进方案和伸缩装置更换安装方法，以及施工监控和交通管制等。

11.1.3 应对异型钢单缝和模数式伸缩装置的主要受力构件进行进场验收，按产品标准规定对异型钢的截面尺寸、钢材品种进行验收检测。应在工厂取样，委托第三方检测机构加工成拉伸试验标准试样后进行检测，确认所用钢材型号符合产品标准规定。

条文说明

产品标准中对异型钢的钢材品种有着严格规定，实际工程事故后的检测发现有不少采用 Q235 替代规定钢种而过早变形或疲劳、断裂的情况，所以产品进场时按条文规定要求取样检测。

11.1.4 模数式伸缩装置的弹性元件和梳齿板伸缩装置的锚固螺栓、螺母等应有出厂检验合格证书，并应从同批产品中抽取产品样本，测试产品的主要性能和质量的均匀性，确认质量合格后方可使用。

条文说明

本条规定对模数式伸缩装置的弹性元件进行力学性能和质量均匀性检验，并从同批产品中抽取样品进行检测。

梳齿板伸缩装置缺损最多的是锚固螺栓缺损和螺母松动、脱落，这两种零部件是外购产品，经抽样检测发现，产品质量合格率低，所以要求按现行《钢结构用高强度大六角头螺栓》（GB/T 1228）、《钢结构用高强度大六角螺母》（GB/T 1229）和《钢结构用高强度大六角头螺栓、大六角螺母、垫圈技术条件》（GB/T 1231）等产品标准要求，对螺栓和螺母进行公差配合检测，不合格的禁用。

11.1.5 伸缩装置更换安装方法应按现行《公路桥涵施工技术规范》（JTG/T 3650）执行，但应区别于新伸缩装置安装，应结合更换设计方案要求进行。

11.2 原伸缩装置拆除及拆除后的修复加固

11.2.1 原伸缩装置的拆除应按拆除方案要求进行，并应符合下列规定：
1 对模数式带有位移箱的、埋置深度较大的伸缩装置，应先拆除锚固混凝土，露出锚固筋和位移箱，然后切断与伸缩装置伸缩体的锚固连接；应保留原有纵向及竖向预埋锚固筋，分段移走伸缩体结构。拆除时不应损坏槽口和梁端。

2　单元式梳齿板伸缩装置应按损坏单元拆除。对采用大位移整体式的和多车道的应分段拆除。

3　对梳齿板式等浅埋式伸缩装置，在拆除伸缩装置结构后，应将表层混凝土清至梁板上层钢筋露出为止，保留原有预埋钢筋。损坏的应修复。

条文说明

1　对大位移多车道模数式伸缩装置分段拆除时，拆除顺序按本款拆除方案要求进行，不能野蛮拆除，减少槽口和梁端损坏。

3　对浅埋式伸缩装置的拆除，按本款规定执行。

11.2.2　伸缩装置拆除后对安装槽口、梁端损伤和锚固筋的修复应符合下列规定：

1　伸缩装置拆除后，应按施工方案，清除拆下的废弃混凝土，清理安装槽口，对局部损伤的槽口进行修复加固，对缺损的锚固筋和锚固螺栓进行整理、补筋或植筋。植筋的大小、数量和植筋长度等技术要求，应符合现行《公路桥梁加固技术规范》（JTG/T J22）、《公路桥梁加固施工技术规范》（JTG/T J23）及《混凝土结构后锚固技术规程》（JGJ 145）等相关标准的规定，同时应增设防裂钢筋网。

2　发现安装槽口宽度不符合设计宽度时，应按更换设计文件要求所复核的原结构伸缩量，变更符合伸缩量要求的伸缩装置。

3　拆除后应对梁端损伤的部位进行修复加固。

条文说明

1　本条文规定了拆除后对安装槽口的修复加固，对缺损锚固筋的整理和修复，补筋或植筋要求按设计文件和加固修复方案规范操作。槽口修复后，要求增加锚固和防裂钢筋网，增强锚固混凝土防裂性能。

2　调查发现，实际工程中有不少伸缩装置被拉开过大，特别是多跨连续梁桥，经复核发现，实际伸缩量与原设计计算伸缩量出入较大。

3　对损坏槽口和梁端的加固修复，按加固设计图要求执行。

11.3　更换安装

11.3.1　伸缩装置安装槽口修复加固和锚固筋整理修复符合安装条件后，应按施工方案要求实施更换。

11.3.2　异型钢单缝伸缩装置更换安装应符合下列规定：

1　架设新更换的伸缩装置于槽口和构造缝位置，并应按预留缝宽度调整伸缩装置的边梁安装位置和平整度，将边梁的锚固筋与预埋筋点焊连接并定位，定位后由中间往两边焊接，防止焊接变形。

2 安装缝宽应符合本规范更换设计或产品标准的规定。

11.3.3 模数式伸缩装置更换安装应符合下列规定：

1 模数式伸缩装置安装就位后，其中心位置应与槽口中心线重合，应调整支承横梁和原位移箱位置的高差，保持在同一水平线上，左右方向偏差不应超过1mm，保障主桥纵向自由伸缩位移。若支承横梁为斜梁，其位移箱设置应符合本规范第10.2.5条的规定，与斜梁角度相同。原位移箱设置有问题的应进行改造。

2 伸缩装置整体调平，控制边梁高程应略低于路面1~2mm。分段更换时的边梁、中梁对接错缝位置和尺寸，应符合更换设计错位连接尺寸设计施工图要求。

3 模数式伸缩装置的安装缝宽应按更换设计文件执行。

4 更换安装时间应按现行《公路桥涵施工技术规范》（JTG/T 3650）的规定，选择在昼夜温差变化相对较小的时段。

条文说明

1 异型钢单缝和模数式伸缩装置更换，除要求符合本条规定外，还要求符合现行《公路桥梁伸缩装置通用技术条件》（JT/T 327）等产品标准的规定。

3 对于安装缝宽，更换设计文件中有要求的按设计要求预留伸缩量，设计文件中没有要求的，按产品标准规定取中间值。

4 更换安装时间的选择，根据伸缩装置的特点，按昼夜温差变化相对较小的时段确定是必要的。

11.3.4 梳齿板伸缩装置更换安装应符合下列规定：

1 整体式梳齿板伸缩装置更换，应根据路面高程调整锚固螺栓顶面与槽口两侧路面齐平。螺栓的垂直度和间距应与梳齿板的安装孔距一致，梳齿板安装横向间隙应不小于2mm，齿板纵向间隙应不小于30mm，安装平整度高差应不大于1mm，严禁敲打，螺母应一次性拧紧。

2 单元支承式梳齿板伸缩装置更换安装，应按损坏单元更换。安装固定梳齿板，通过固定螺栓将梳齿板与螺栓组连接成整体，固定螺母应一次性拧紧。安装转动控制座，其定位应保持与相邻单元转动控制座在同一直线上，然后在转动控制座安装带有多向变位铰的活动跨缝梳齿板，并通过定位螺栓与槽口区转轴连接的预埋钢筋焊接，然后将螺栓固定螺母逐个一次性拧紧。

3 梳齿板伸缩装置更换安装，应防止活动梳齿板翘曲不平和卡齿；应严格控制齿板平整度和齿板间隙偏差；在最高气温时，齿板的横向间距应不小于2mm，齿板的纵向间隙应不小于15mm。同一断面处两边齿板的平整度高差应不大于1mm；当伸缩量在160mm以上时，应不大于2mm。

条文说明

梳齿板伸缩装置更换分为整体式和单元式两种。本条的规定，单元式以现行《单元式多向变位梳形板桥梁伸缩装置》（JT/T 723）的技术要求为依据，整体式以现行《公路桥梁伸缩装置通用技术条件》（JT/T 327）的技术要求为依据。更换时，整体式的按整体更换，单元式按单元更换。更换安装方法、安装控制技术指标和安装偏差要求按本条规定执行。

11.4 锚固混凝土浇筑与养生

11.4.1 伸缩装置更换就位检查合格后，应立即浇注锚固混凝土。

11.4.2 伸缩装置锚固混凝土强度等级指标应满足更换设计要求。

11.4.3 伸缩装置锚固区浇筑混凝土时，应防止混凝土撒落在橡胶密封带缝隙内或伸缩装置表面，若出现应及时清除。浇筑结束后，应采用土工布铺设在混凝土上面，定时养护，混凝土达到设计强度80%后方可开放交通。

条文说明

本条规定了锚固混凝土浇筑和养生要求。调查发现，锚固混凝土开裂是普遍现象，有的在浇筑后养生期间就开裂，有的在开放交通后出现开裂，其原因很复杂。目前多采用钢纤维混凝土，也有用聚合物混凝土，来提高混凝土的抗折强度和韧性。

11.5 更换后的质量评定

11.5.1 伸缩装置更换质量评定应按现行《公路养护工程质量检验评定标准 第一册 土建工程》（JTG 5220）的规定，进行伸缩装置更换工程质量检验评定，并按缺陷责任期规定进行管理。

11.5.2 伸缩装置更换后的质量评定项目依据应包括下列内容：
1 原伸缩装置检查评定报告。
2 伸缩装置更换设计文件。
3 新更换的伸缩装置产品合格证、质量保证书、生产厂家、生产日期和进场检查评定记录及抽样检测报告。

11.5.3 伸缩装置更换评定项目与质量评定应符合下列规定：
1 评定资料应齐全，包括伸缩装置更换设计文件、施工资料。

2　更换后的伸缩装置质量应满足更换设计方案要求。

3　外观应平整、直顺，缝隙间距均匀，防水排水系统无瑕疵，锚固混凝土平整，无裂缝缺陷等。

4　所有构造连接部位螺栓、螺母应无松动，焊接应无缺陷。

5　支承横梁上下承压支座和压紧支座应无超压缩变形。

6　位移控制元件安装质量：压缩弹簧、剪切弹簧及机械铰链等安装应符合质量要求，处于正常工作状态，无超压缩变形和超剪切变形现象。

7　梳齿板伸缩装置外观表面应平整，齿板间隙应均匀，无翘曲和卡齿现象，固定螺栓、螺母应无松动。

11.5.4　伸缩装置质量检查评定方式与评定方法应符合下列规定：

1　应全数检查评定。检查评定方法应首先进行外观目测，然后辅助测量手段，采用钢卷尺、钢直尺测量伸缩缝隙均匀度，采用水平尺测量平整度，采用扳手检查锚固连接螺栓、螺母有无松动现象，采用放大镜检查焊缝缺陷，包括所有构造细节检查等。

2　质量评定应以管养单位和评定专家为主，更换项目负责人参与；应配备检测人员和专门记录人员。

条文说明

1　要求全数检查评定并记录，作为更换后的初始技术状况原始存档依据。

11.5.5　伸缩装置更换后质量评定记录与存档应采用本规范附录F的记录表。更换单位及项目负责人、管养单位负责人、评定专家应按质量检查评定记录表的要求签字；所有质量评定文件应归档保存，并纳入桥梁养护档案。

条文说明

本条规定是按《公路养护工程管理办法》（交公路发〔2018〕33号）的规定，对新更换的伸缩装置进行质量评定。

附录 A 支座养护与维修记录表

表 A 支座养护与维修记录表

路段名称					
桥梁名称		主跨桥型		初始检查日期	
结构形式		桥长		交（竣）工日期	
跨径/跨数		最大跨径		本次检查日期	
桥位桩号		管养单位		上次大中修日期	
支座位置	支座类型及规格型号	病害类型	养护范围	维修方式	维修效果
维修检查结果					
维修检查人员		记录		管养单位负责人	
养护维修单位		负责人		本次维修日期	

附录 B 支座更换前工作状况检查与检测记录表

表 B-1 板式橡胶支座更换前工作状况检查与检测记录表

桥梁名称			桥位/桩号		
桥型/结构形式			跨度/跨数		
设计单位			施工单位		
监理单位			交（竣）工日期		
管养单位			支座位置		
支座规格型号			生产厂家		
检查内容			检查结果		缺损成因
老化、不规则裂纹		位置范围（cm²）			
		最大长度（mm）/数量（条）			
		最大裂缝宽度（mm）			
分层不均匀、外鼓、开裂		范围（cm²）			
		最大裂缝宽度（mm）			
（图示）	初始转角（rad）	Δh（mm）			
		d 或 h（mm）			
		转动方向			
（图示）	初始剪切角（rad）	Δd（mm）			
		d 或 h（mm）			
		剪切方向			
支座偏压、脱空、移位		顺桥向（mm）			
		横桥向（mm）			
滑板和不锈钢板状态					
支座垫石（不平整度、开裂等）状态					
支座环境：废弃混凝土、垃圾堆积情况，积水等状况					
调平楔形块状态					
处理意见					
检查单位		检查负责人		记录	
检查人员				检查日期	

表 B-2　盆式支座更换前工作状况检查与检测记录表

桥梁名称			桥位/桩号		
桥型/结构形式			跨度/跨数		
设计单位			施工单位		
监理单位			交（竣）工日期		
管养单位			支座位置		
支座规格型号			生产厂家		
检查内容				检测结果	缺损成因
安装位置与滑动方向		固定支座（GD）			
		纵向活动（ZX）与横向活动（HX）			
		双向滑动（SX）			
钢盆外观		锈蚀、油漆状况			
		裂纹宽度（mm）			
顶板状态		不平整度			
		弯曲变形			
定位板拆除					
滑板状态					
不锈钢板脱落、移位状态（mm）					
（示意图）	初始转角变形（rad）		Δh 或 h（mm）		
			d（mm）		
			转动方向		
锚固螺栓、螺母缺失，螺母松动					
支座垫石缺陷：不平整度、开裂和损坏等					
支座环境：废弃混凝土、垃圾清理情况，积水情况					
调平楔形块状态					
处理意见					
检查单位		检查负责人		记录	
检查人员				检查日期	

表 B-3 球型支座更换前工作状况检查与检测记录表

桥梁名称				桥位/桩号			
桥型/结构形式				跨度/跨数			
设计单位				施工单位			
监理单位				交（竣）工日期			
管养单位				支座位置			
支座规格型号				生产厂家			
检查内容						检测结果	缺损成因
安装位置与滑动方向			固定支座（GD）				
			单向活动（DX）				
			双向滑动（SX）				
钢盆外观			锈蚀、油漆状况				
			裂纹宽度（mm）				
顶板状态			不平整度				
			弯曲变形				
定位板拆除							
滑板状态							
不锈钢板脱落、移位状态（mm）							
（图示）			上支座板初始转角变形（rad）		$\triangle h$ 或 h（mm）		
					d（mm）		
					转动方向		
锚固螺栓、螺母缺失，螺母松动							
支座垫石缺陷：不平整度、开裂和损坏等							
支座环境：废弃混凝土、垃圾清理情况，积水情况							
调平楔形块状态							
处理意见							
检查单位		检查负责人			记录		
检查人员					检查日期		

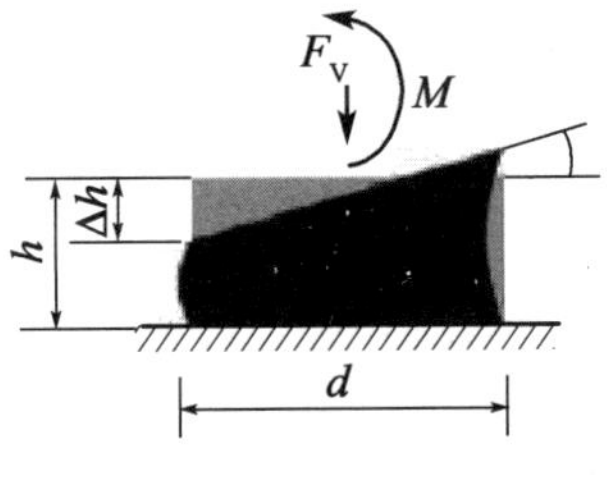

附录 C 桥梁顶升安全控制技术指标验算

C.1 一般规定

C.1.1 桥梁支座更换的最大容许顶升高度应符合本规范第 6.2.15 条的规定，并满足表 C.1.1 的要求。

表 C.1.1 桥梁支座更换的最大容许顶升高度控制指标

支座更换时梁体顶升方案	桥台、桥墩处最大容许顶升高度
纵向整联跨同步顶升	≤15mm
中断交通，纵向多墩横向同步顶升	≤10mm
不中断交通，纵向逐墩横向同步顶升	≤5mm

条文说明

计算确定顶升高度时，要充分考虑取出原支座和支座垫石修复施工时的最低可操作空间。若进行板式橡胶支座的更换，顶升 5mm 以内即可完成作业；若进行盆式支座或球型支座更换或支座垫石修复作业，需要的空间更大，顶升高度随之增加，要按照表 C.1.1 中最大容许顶升高度控制。若超过该限值，需进行专门验算论证。

桥梁支座更换在不封闭桥面交通的情况下进行时，若顶升总位移量过大，综合考虑桥梁的结构安全性，仅需满足支座能取出和安装的最小操作空间即可，经分析，桥墩处最大容许顶升高度控制在 5mm 以内较为合理。

C.1.2 对于常用中小跨径预制装配式结构桥梁，应根据其构件的不同特点验算顶升安全控制技术指标。下列条文是以交通运输部原通用图集为蓝本验算的。全国各省（自治区、直辖市）辖区内有设计图集的，可按设计图集验算。

C.2 预制装配式空心板梁桥顶升安全控制技术指标

C.2.1 目前国内公路桥梁 20m 跨径以下的中小桥大多采用预制装配式空心板结构，如图 C.2.1 所示，均采用板式橡胶支座。空心板梁桥一般有四种不同的跨径：10m、13m、16m 和 20m。10m 跨径梁高 45cm，13m 跨径梁高 55cm，16m 跨径梁高 70cm，

20m 跨径梁高 85cm，桥面现浇层均为 10cm。多采用结构简支、桥面连续构造，桥墩布置双排支座。

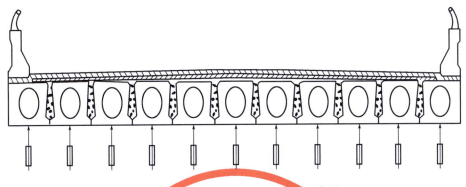

图 C.2.1　预制装配式空心板梁桥示意图

C.2.2　预制装配式空心板梁桥主梁顶升应严格控制顶升高度及横向顶升的同步性。

条文说明

预制装配式空心板梁桥的横向排列数量多、支座数量多，因此，横向顶升过程中同步性要求高。顶升过程不同步会在结构内形成附加内力，如顶升不当，则会导致桥面开裂。顶升方案要充分考虑上部结构梁体所能承受的不同步位移限值，包括纵桥向及横桥向位移限值。顶升方案的拟定要确保每一个施工阶段、施工工艺是安全合理的，需进行详细的分析论证，必要时要求加强施工监测。

C.2.3　对于预制装配式空心板梁桥，顶升时其位移监测控制点应覆盖所有主梁单元，如图 C.2.3 所示。

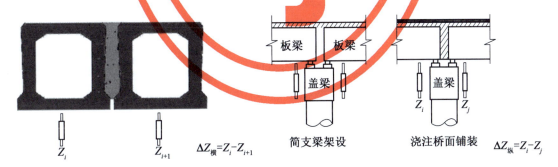

图 C.2.3　预制装配式空心板梁桥位移控制测点布置示意图

条文说明

位移监测控制点主要是监测横向顶升的同步性。

C.2.4　预制装配式空心板梁桥同步顶升支座更换的最大容许顶升高度控制指标应符

合表 C.1.1 的规定。根据监控数据，预制装配式空心板梁桥顶升和梁体复位（落梁）的安全控制指标应符合表 C.2.4 的规定。

表 C.2.4 预制装配式空心板梁桥支座更换的顶升与落梁安全控制指标

顶升安全控制指标	跨径 10m	跨径 13m	跨径 16m	跨径 20m
纵向顶升位移差（$\Delta Z_{纵} = Z_i - Z_j$）	≤0.20mm	≤0.20mm	≤0.20mm	≤0.20mm
横向顶升位移差（$\Delta Z_{横} = Z_i - Z_{i+1}$）	≤0.20mm	≤0.20mm	≤0.20mm	≤0.20mm
梁体复位后的整体高程与原高程偏差	≤0.50mm	≤0.50mm	≤0.50mm	≤0.50mm

C.3 预制装配式 T 梁桥顶升安全控制技术指标

C.3.1 预制装配式 T 梁桥由多片 T 形截面的主梁横向排列装配连接而成，如图 C.3.1 所示。预制装配式 T 梁多采用简支结构，设置多道横隔板增强横向整体性，并通过桥面连续来减少伸缩缝数量；也有先简支后连续桥梁结构受力体系应用。预制装配式 T 梁桥选用板式橡胶支座，在一片 T 梁的两端各设一块支座。

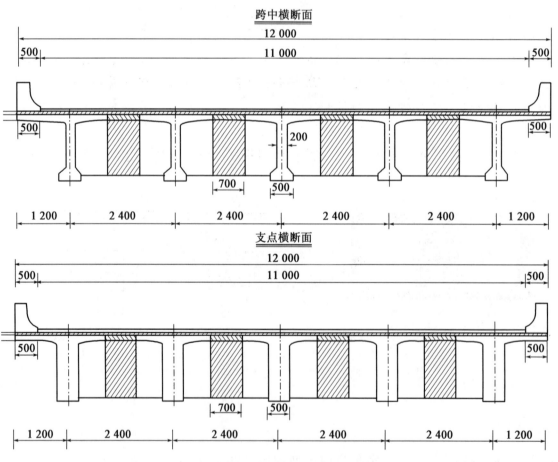

图 C.3.1 预制装配式 T 梁桥安装图（尺寸单位：mm）

条文说明

预制装配式 T 梁适用跨径范围较大，比空心板梁用料更少，但梁高较大。

C.3.2 对于预制装配式 T 梁桥，尤其是先简支后连续体系桥梁，位移控制点应能覆盖所有主梁单元，避免出现因顶升不同步而造成横隔板或桥面板开裂等现象，如图 C.3.2 所示。

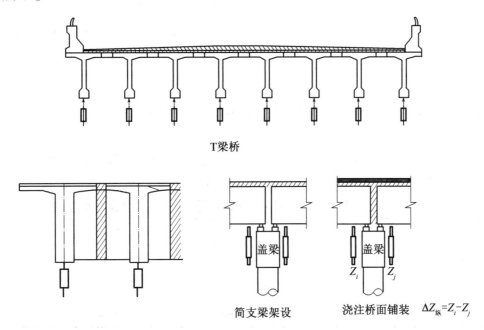

图 C.3.2 预制装配式 T 梁桥位移控制测点布置示意图

C.3.3 预制装配式 T 梁桥梁体的顶升应控制梁体的顶升高度及顶升同步性。

C.3.4 预制装配式 T 梁桥同步顶升支座更换的最大容许顶升高度控制指标应符合表 C.1.1 的规定，其顶升安全控制指标应符合表 C.3.4 的规定。

表 C.3.4 预制装配式 T 梁桥支座更换的顶升安全控制指标

顶升安全控制指标	跨径20m	跨径25m	跨径30m	跨径35m
纵向顶升位移差（$\Delta Z_{纵} = Z_i - Z_j$）	≤0.10mm	≤0.10mm	≤0.20mm	≤0.30mm
横向顶升位移差（$\Delta Z_{横} = Z_i - Z_{i+1}$）	≤0.20mm	≤0.20mm	≤0.20mm	≤0.25mm
梁体复位后的整体高程与原高程偏差	≤1.00mm	≤1.00mm	≤2.00mm	≤2.00mm

C.4 预制装配式小箱梁顶升安全控制技术指标

C.4.1 预制装配式小箱梁桥（又称组合箱梁）具有整体性好、刚度大、抗扭性能高、横向连接可靠、结构耐久性好等特点。以先简支后连续结构受力体系为主。其跨径主要为 25m、30m、35m。

C.4.2 预制装配式小箱梁桥支座更换过程中，宜注重顶升和梁体复位以保证桥梁结构安全性，其位移控制测点布置如图 C.4.2 所示。

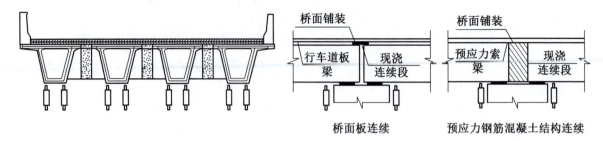

图 C.4.2　预制装配式小箱梁桥位移控制测点布置示意图

C.4.3 预制装配式小箱梁桥梁体的顶升应控制梁体的顶升高度及顶升同步性。

C.4.4 预制装配式小箱梁桥同步顶升支座更换的最大容许顶升高度控制指标应符合表 C.1.1 的规定，其顶升安全控制指标应符合表 C.4.4 的规定。

表 C.4.4　预制装配式小箱梁桥支座更换的顶升安全控制指标

顶升安全控制指标	跨径25m	跨径30m	跨径35m
纵向顶升位移差（$\Delta Z_纵 = Z_i - Z_j$）	≤0.20mm	≤0.20mm	≤0.40mm
横向顶升位移差（$\Delta Z_横 = Z_i - Z_{i+1}$）	≤0.30mm	≤0.30mm	≤0.30mm
梁体复位后的整体高程与原高程偏差	≤0.50mm	≤0.50mm	≤1.00mm

C.5　连续箱梁顶升安全控制技术指标

C.5.1 箱形截面能适应多种使用条件，特别适合于预应力混凝土连续梁桥、变宽度桥。连续箱梁具有桥面接缝少、刚度大、整体性强，外形美观，便于养护等优点。

C.5.2 连续箱梁桥顶升过程中，应注重顶升和梁体复位以保证桥梁结构安全性，其位移控制测点布置如图 C.5.2 所示。

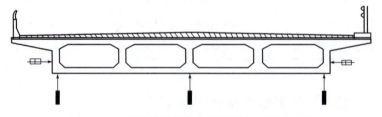

图 C.5.2　连续箱梁桥位移控制测点布置示意图

C.5.3 连续箱梁桥的顶升应控制梁体的顶升高度及顶升同步性，以防顶升施工带来的次效应影响主梁结构受力安全。

C.5.4 连续箱梁桥同步顶升支座更换的最大容许顶升高度控制指标应符合表 C.1.1 的规定,其顶升安全控制指标应符合表 C.5.4 的规定。

表 C.5.4 连续箱梁桥支座更换的顶升安全控制指标

顶升安全控制指标	跨径30m	跨径35m	跨径40m	跨径50m
纵向顶升位移差（$\Delta Z_纵 = Z_i - Z_j$）	≤0.30mm	≤0.40mm	≤0.50mm	≤0.50mm
横向顶升位移差（$\Delta Z_横 = Z_i - Z_{i+1}$）	≤0.30mm	≤0.30mm	≤0.30mm	≤0.40mm
梁体复位后的整体高程与原高程偏差	≤0.50mm	≤0.50mm	≤1.00mm	≤1.00mm

条文说明

连续箱梁桥的单墩同步顶升类似于装配式梁桥的同步顶升,根据理论分析结果及实际情况,单墩顶升的最大容许顶升高度为5mm,在满足施工操作空间的前提下要尽量小,以确保顶升过程中的结构受力安全。

整联跨同步顶升时,按表 C.1.1 的规定执行,允许顶升高度控制在不大于15mm。

附录 D 支座更换后检查评定记录表

表 D-1 支座更换后初始技术状况检查结果汇总表

路段名称		设计单位		建成日期	
施工单位		监理单位		交（竣）工日期	
管养单位		支座名称		生产厂家	
支座更换施工单位		更换设计单位		更换日期	
桥梁名称		桥梁结构形式		检查单位	
位置、桩号	支座规格型号	初始状况检查项目		检查结果	存在的问题
更换施工单位项目经理		管养单位负责人		监理	
初始检查单位		检查人员			
检查负责人		记录		检查日期	

注：1. 支座名称包括板式橡胶支座、盆式支座、球型支座等，需分别检查。
　　2. 初始检查还包括支座垫石的技术状况检查。

表 D-2 支座更换后质量检查评定记录表

路段名称				建成日期	
桥梁名称		桥型/结构形式		跨度/跨数	
更换设计单位		更换施工单位		更换日期	
支座类型		支座生产单位		更换后检查日期	
支座位置	规格型号	更换质量评定结果		专家意见与建议	
项目经理		监理		更换质量评定日期	
评定专家		记录		管养单位负责人	

附录 E 弹性元件质量技术控制要求及检测方法

E.1 一般规定

E.1.1 弹性支承元件与剪切弹簧的力学性能测试应满足下列试验条件：

1 试验标准温度应为 23℃±5℃，且不应有腐蚀性气体及影响检测的振动源。
2 试验机精度应满足现行《拉力、压力和万能试验机检定规程》（JJG 139）中 1 级的要求，位移传感器精度应为 0.001mm。
3 测试时应配备智能加载与数据智能采集装置。

条文说明

试验条件主要是为了保证数据的可靠性，减少加载与测试过程中的环境影响与人为影响。

E.1.2 弹性元件的力学性能和质量均匀性应按表 E.1.2 进行控制。

表 E.1.2 弹性元件力学性能和质量均匀性控制技术指标要求

项目	性能要求
承压支座的静载竖向刚度	加载竖向力为 100kN 时，支座竖向变形量不大于 1.5mm
压紧支座的静载竖向刚度	加载竖向力为 10kN 时，支座竖向变形量为 4.0mm ± 1.0mm
剪切弹簧的静载剪切性能	剪切位移为 40mm 时，弹簧的剪切力为 6~9kN
	剪切位移为 60mm 时，弹簧不发生黏结剥离、开裂等现象
压缩弹簧的静载竖向刚度	加载力为 2kN 时，弹簧变形量为 23~38mm
	加载力为 4kN 时，弹簧变形量为 55~69mm
	加载力为 6kN 时，弹簧变形量为 70~80mm
	持续加载 1s 后，残余变形量不超过 3.0%
	加载后，外观无裂纹、鼓泡、胶黏等现象
质量均匀性要求	质量均匀性抽样检测要求平均误差控制在 ±20% 以内

条文说明

本条是根据编制组近几年来的试验研究和产品抽检，结合国内生产技术水平制定的，国内现在无标准可依。

E.1.3 弹性支承元件与剪切弹簧力学性能测试中的试件应满足下列规定：

1 试件数量应为总数的 5%，且不少于 20 个。

2 试件外观应满足表 E.1.3-1 的要求。

3 弹性支承元件与剪切弹簧的试件尺寸应分别满足表 E.1.3-2 与表 E.1.3-3 的要求。

4 试验前应将试件直接置于标准温度 23℃ ±5℃ 下，静置 24h，使试件内外温度一致。

表 E.1.3-1 外观要求

名称	产品质量标准
气泡、杂质	总面积不应超过支座平面面积的 0.1%，且每一处面积不应大于 50mm²，最大深度不应超过 2mm
凹凸不平	当支座平面面积小于 0.15m² 时，不应多于 2 处；当面积大于 0.15m² 时，不应多于 4 处；每处凹凸高度不应超过 0.5mm，面积不应超过 6mm²
四侧面裂纹、钢板外露	不允许
掉块、崩裂、机械损伤	不允许
钢板与橡胶黏结处开裂或剥离	不允许
滑板表面	应光滑、平整，不应有裂纹、气泡、分层和机械损伤；不应有划痕、碰伤、敲击痕迹
支座表面平整度	滑板支座：表面不平整度应不大于滑板平面最大长度的 0.2%
滑板与支座粘贴错位	不应超过橡胶支座短边尺寸的 0.5%

表 E.1.3-2 弹性支承元件尺寸允许偏差（mm）

检测内容	承压支座	压紧支座
直径	+1，0	+1，0
高度	+0.5，0	+1，0

表 E.1.3-3 剪切弹簧尺寸允许偏差（mm）

检测内容	剪切弹簧
直径	+1，0
高度	+1，0

E.1.4 试验报告应包括下列内容：

1 试件概况，包括对应的伸缩装置型号、试件编号，并附简图。

2 试验机性能及配置描述。

3 试验过程中出现异常现象描述。

4 完整的试验记录，包括试验评定结果，并附试验照片。

E.2 弹性支承元件力学性能试验方法

E.2.1 弹性支承元件力学性能应符合表 E.2.1 的规定。

表 E.2.1 弹性支承元件力学性能及质量控制要求

项目	质量控制要求	
	承压支座	压紧支座
竖向刚度	检测结果统计平均值与设计刚度不得超过 ±20%，各试件刚度与统计平均值不得超过 ±10%	
外观	试验过程中和试验完成后，不得出现胶层开裂、胶层与钢板分离等现象	

条文说明

（1）模数式伸缩装置中梁弹性支承元件质量控制技术指标和刚度要求，是根据现场调研发现中梁凹凸不平而提出的。

（2）编制组通过对全国不同地区主要生产厂家生产的弹性支承元件抽样检测发现，样本试件的刚度离散性，即质量不均匀性很突出，通过数据统计分析而提出质量均匀性要求。

E.2.2 弹性支承元件的试件布置应按图 E.2.2 的要求进行。上、下承载板平面尺寸不应小于弹性支承元件平面尺寸，且应有足够刚度，避免对试验结果产生不良影响；支承横梁长度不应小于弹性支承元件平面直径长度；嵌固钢板厚度不应小于 40mm，平面尺寸应大于弹性支承元件平面尺寸；嵌固钢板、弹性支承元件试件与支承横梁应中心对齐。

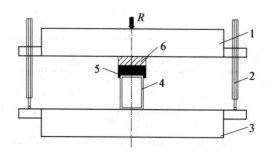

图 E.2.2 弹性支承元件力学性能试验试件布置示意图

1-上承载板；2-位移传感器；3-下承载板；4-支承横梁；5-弹性支承元件试件；6-嵌固钢板；R-竖向压力

E.2.3 承压支座与压紧支座试验步骤应符合下列规定：

1 以连续均匀速度加载至设计荷载且稳定后，校对设备，确认无误后开始试验。

2 以均匀速度加载至设计荷载，然后均匀卸载。加载卸载过程中采集试件变形值，加载和卸载总时间不超过 5min，且不低于 2min。进行下一加载循环，绘制力-变形曲线。加载过程连续进行 3 次。

3　根据承压支座力-变形曲线第 3 次加载上升曲线，采用最小二乘法计算刚度。

条文说明

1　试验检测设备要能满足加载时对试件尺寸和刚度的要求，同时能自动采集试验数据。

2　试件加载程序按本款规定进行。

E.3　剪切弹簧力学性能试验方法

E.3.1　剪切弹簧力学性能应符合表 E.3.1 的规定。

表 E.3.1　剪切弹簧力学性能及质量控制要求

项目	质量控制要求
剪切刚度	检测结果统计平均值与设计刚度不得超过 ±20%，各试件刚度与统计平均值不得超过 ±10%
外观	试验过程中和试验完成后，不得出现胶层开裂、胶层与钢板分离等现象

条文说明

现场调研发现，模数式伸缩装置的中梁间隙有大有小，很不均匀，主要是控制中梁位移的剪切弹簧的水平剪切刚度不均匀所致，本条依此提出质量控制要求。

现行产品标准中缺失对剪切弹簧的技术指标控制要求。

E.3.2　剪切弹簧力学性能试验应按双剪或单剪进行，双剪试验试件布置如图 E.3.2-1 所示，单剪试验试件布置如图 E.3.2-2 所示；试验中使用的钢板应有足够刚度，避免对试验结果产生不良影响；初始压力与剪切弹簧试件应中心对齐。

图 E.3.2-1　剪切弹簧力学性能双剪试验试件工装布置图

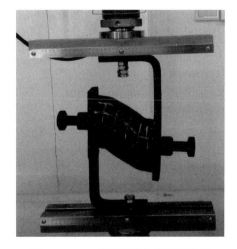

图 E.3.2-2　剪切弹簧力学性能单剪试验试件工装布置图

条文说明

做剪切弹簧检测时，要专门设计制作双剪和单剪的试件工装才能进行检测，没有现成的。

工装设计制作要能满足剪切试验加载受力的要求。

E.3.3 剪切弹簧试验步骤应符合下列规定：

1 以连续均匀速度加载至设计荷载且稳定后，校对设备，确认无误后开始试验。

2 以均匀速度加载至设计荷载，然后均匀卸载，采集变形值，加载和卸载总时间不超过5min，且不少于2min。进行下一加载循环，绘制力-变形曲线。加载过程连续进行3次。

3 根据剪切弹簧力-变形曲线第3次加载上升曲线，采用最小二乘法拟合刚度曲线。

条文说明

3 剪切弹簧的剪切刚度，除了按本款规定采用最小二乘法拟合刚度曲线处理外，还要求与理论计算值进行比较。

附录 F 伸缩装置养护与更换记录表

表 F-1 伸缩装置养护维修记录表

桥梁名称		主跨结构		上次检查日期	
结构形式		桥长		建成年月	
路线名称		最大跨径		上次检查日期	
桥位桩号		管养单位		上次大中修日期	
位置	伸缩装置类型、规格型号	养护项目	维修内容	维修方式	养护后的质量评定
维修单位		维修负责人		维修日期	
检查负责人		记录		检查时间	

表 F-2 伸缩装置零部件更换质量评定记录表

天气：　　　　　　　　　气温：

路段名称		设计单位		施工单位		更换单位	
管养单位		伸缩装置生产单位		更换日期		更换评定日期	
桥梁名称、位置、桩号	跨径	桥型/结构形式	伸缩装置规格型号	零部件缺损名称	更换范围	更换数量	更换效果
评定意见							
更换单位项目经理		评定专家		管养单位负责人		记录	

注：零部件包括弹性元件，固定螺栓、螺母，固定吊架，橡胶止水带等。

表 F-3 伸缩装置更换后初始技术状况检查记录表

天气：　　　　　　　　气温：

桥梁名称				设计单位		建成时间	
施工单位				监理单位		交（竣）工日期	
管养单位				伸缩装置生产单位		更换施工单位	
桥梁名称、位置、桩号	桥型/结构形式/跨径	左右车道数	伸缩装置规格型号	锚固混凝土	清洁度、防水排水	中梁平顺度、齿板平整度和缺损缝隙均匀度	零部件（弹性元件、螺栓、螺母等）	备注
---	---	---	---	---	---	---	---	---
初始检查处理意见								
检查单位		负责人		记录		检查日期		
检查人员								

表 F-4 伸缩装置整体更换后质量评定记录表

天气：　　　　　　　　气温：

桥梁名称		设计单位		交（竣）工日期	
结构形式		桥长/最大跨径		初始检查日期	
伸缩装置类型		生产厂家		定期检查日期	
管养单位		维修更换		本次维修更换日期	
桥梁桩位、位置	伸缩装置类型、规格型号	整体更换检查评定项目		缺陷、偏差范围	专家评定合格与否
更换单位		项目负责人		更换日期	
评定专家		管养负责人		评定日期	

附录 G 伸缩装置更换前工作状况检查与检测评定记录表

表 G 伸缩装置更换前工作状况检查与检测评定记录表

天气：　　　　　　　气温：

路段名称			设计单位		施工单位		
管养单位			初始检查日期		交（竣）工日期		
伸缩装置名称			生产厂家		定期检查日期		
桥梁名称、位置、桩号	结构形式/跨径	左右车道数	伸缩装置规格型号	缺损项目	缺损范围或数量	定期检查缺损程度评定	处理意见
处理意见							
检查单位		负责人		记录		定期检查日期	
检查人员							

本规范用词用语说明

1 本规范执行严格程度的用词，采用下列写法：

1）表示很严格，非这样做不可的用词，正面词采用"必须"，反面词采用"严禁"。

2）表示严格，在正常情况下均应这样做的用词，正面词采用"应"，反面词采用"不应"或"不得"。

3）表示允许稍有选择，在条件许可时首先应这样做的用词，正面词采用"宜"，反面词采用"不宜"。

4）表示有选择，在一定条件下可以这样做的用词，采用"可"。

2 引用标准的用语采用下列写法：

1）在标准总则中表述与相关标准的关系时，采用"除应符合本规范的规定外，尚应符合国家和行业现行有关强制性标准的规定"。

2）在标准条文及其他规定中，当引用的标准为国家标准和行业标准时，表述为"应符合《××××××》（×××）的有关规定"。

3）当引用本标准中的其他规定时，表述为"应符合本规范第×章的有关规定""应符合本规范第×.×节的有关规定""应符合本规范第×.×.×条的有关规定"或"应按本规范第×.×.×条的有关规定执行"。